Mikrobølgeovn Madlavning

Gode Retter på Rekordtid

Pernille Jensen

Indhold

Chokoladefondue 15
Orange Chokolade Fondue 15
Mokka Fondue 16
Hvid chokolade fondue 16
Toblerone Fondue 16
Royal chokolademousse 17
Pærer i hollandsk stil med Advocaat chokolademousse 18
Traditionel chokolademousse 19
Chokolade-appelsin mousse 19
mokka mousse 20
fløde-chokolade-mynte mousse 20
Berlin Air 21
karamelcreme 22
Krydrede ferskner og appelsiner i rødvin 22
Krydrede pærer og appelsiner i rødvin 23
Et skab med hindbærmousse 24
En bagatel med æggecreme, abrikoser og sherry 25
Kort Sherry 27
Chokoladecreme 28
Bagatel med kiks 28
Fluffy citronskyer 29
Fluffy lime skyer 30
Æble sne 30

Abrikos sne 31

Citronmarengs krydrede pærer 32

Finsk tranebærpisk 33

Tranebær-Orange pisk 34

Kissel 35

Hjemmelavet yoghurt 36

Gryder med abrikoser 37

Potter med svesker 38

Kirsebærjubilæum 39

Frugter af skovens jubilæum 39

Hollandsk chokoladeis 40

Is med flødelikør 40

Vindrue og hindbærgelé 41

Mandarin og citrongelé 41

Creme af sorte kirsebær og ris 42

Bananstykker 42

Krydret blommeskum 43

Afkølede appelsiner med varm mynte-chokoladesauce 44

Sommer frugtskimmel 44

Vandmelon og Abrikos Chill med frosne druer 45

Krus med rabarber og mandarin 46

Kopper med rabarber og mandarin med ingefærcreme 47

Chokoladejordbær på ananassorbet 48

Dansk "Æblekage" 49

En bondepige med slør 50

Kejserris 51

Frugtmousse til børn 52

hindbær-ribs mousse 53
Welsh toasts med ost 55
Blandet sjælden ost 55
Buck Rarebit 56
Bacon Sjælden 56
Sjælden øl 57
Ungarske åben top salami sandwich 58
Granola 59
Honning granola 60
Havregrød 60
Bacon 61
Grundlæggende hvid sauce 62
Bechamel sauce 63
kapersauce 64
ostesauce 64
Mornay sauce 64
Æggesauce 65
Svampesauce 65
Sennepssauce 65
løgsauce 66
persillesovs 66
Brøndkarse sauce 66
hælde sauce 67
Alt-i-én sauce 67
hollandaise sauce 68
Bearnaise kort sauce 69
maltesisk sauce 69

mayonnaise sauce 70

cocktail sauce 71

Louis sauce 71

Thousand Island dressing 73

Grøn Sauce 74

Remouladesauce 74

tatarisk sauce 75

Mayonnaisesauce uden æg 75

Myntesauce 76

Appelsinsauce 76

Jelly urte blandet sauce 77

Urtesauce i gelé med citron 78

salsa 78

Glat salsa 79

Meget varm salsa 79

Koriander salsa 79

Æblesauce 80

Fru Beetons brune æblesauce 80

Stikkelsbærsauce 81

Salsa med majs 82

Østrigsk æble- og peberrodsauce 83

Hvidløgssauce 84

Æble-peberrodsauce 85

Brød sauce 86

Brun brød sauce 87

Tranebær sauce 87

tranebærvinsauce 88

Tranebær-appelsin sauce 88

Tranebær-æblemos 88

Cumberland sauce 89

Slovensk vinsauce 90

Tynd sauce til fjerkræ 91

Tyk kødsauce 92

Kort orientalsk sauce 92

Indonesisk jordnøddesauce 93

Kreolsovs 94

Hurtig kreolsauce 95

Newburger sauce 96

Krydret brun sauce 97

Krydret Sauce Med Syltede Nødder 98

portugisisk sauce 98

Rustik tomatsauce 100

Kalkun karrysauce med jakkekartofler 101

Kalkun tandoorisauce med jakkekartofler 102

Krydret okse chili sauce til jakke kartofler 102

Hak sauce 103

Krydret ost og gulerodssauce til kartofler i jakker 104

Basting saucer 105

Smør knitrende 105

Krydret karrybund 106

Jalapeno mexicansk grillbaste 106

Tomatgryde 107

hollandsk smørblandecreme 109

Hollandsk blendercreme med smør og vanilje 109

Varm Chokolade Sauce 110
Mokka sauce 110
Varm chokolade appelsinsauce 111
Varm chokolade myntesauce 111
Hindbær Coulis 111
Sommer frugtsauce 112
Abrikoscoulis 113
Hjemmelavet karamelsauce 114
Æggesauce 115
Æggesauce med smag med fløde 116
Citron- eller appelsincreme 116
Brandy sauce 116
Rom sauce 117
Appelsinsauce 117
klæbrig toffeesauce 118
Frisk hindbærsauce 118
Chokolade Honning Rosin Sauce 119
Broccoli med Supreme Cheese 120
Guvech 121
selleri ost med bacon 122
Artiskokost med bacon 123
Karelske kartofler 124
Hollandsk kartoffel-Gouda-gryde med tomater 125
Smør luftige søde kartofler med fløde 126
Maitre d'Hôtel søde kartofler 127
Kartofler i fløde 127
Cremede kartofler med persille 128

Cremede kartofler med ost 128
Ungarske kartofler med paprika 129
Dauphine kartofler 130
Savoy kartofler 131
Slotskartofler 131
Kartofler i mandel-smørsauce 132
Tomater med sennep og lime 133
Stuvet agurk 134
Stuvet agurk fra Pernod 134
Espagnole marv 135
gryde med zucchini og tomater 136
Courgetter med enebær 137
Kinesiske smørblade fra Pernod 138
Kinesiske bønnespirer 139
Gulerødder med appelsin 140
Braiseret cikorie 141
Stuvede gulerødder med lime 142
Fennikel i Sherry 143
Porrer stuvet i vin med skinke 144
Bagte Porrer 145
Bagt selleri 146
Peberfrugt fyldt med kød 146
Peberfrugt fyldt med kød med tomat 147
Fyldte peberfrugter kalkun med citron og timian 147
Polske flødesvampe 148
Pebersvampe 149
Svampe med karry 149

9

Dhal linser 150
Dhal med løg og tomater 152
Madras grøntsager 154
Blandet grøntsagskarry 156
Middelhavssalat i gelé 158
Græsk salat i gelé 159
Russisk salat i gelé 159
Kohlrabisalat med sennepsmayonnaise 160
Rødbede-, selleri- og æblekopper 161
Mock Waldorf krus 162
sellerisalat med hvidløg, mayonnaise og pistacienødder 162
Kontinental selleri salat 163
Sellerisalat med bacon 164
Artiskoksalat med peberfrugt og æg i varm sauce 165
Fyld med salvie og løg 166
Selleri og pesto fyld 167
Fyld med porre og tomater 167
Baconfyld 168
Fyld med bacon og abrikoser 169
Champignon-, citron- og timianfyld 169
Svampe- og porrefyld 170
Fyld med skinke og ananas 171
Asiatisk fyld med champignon og cashewnødder 172
Fyld med skinke og gulerødder 173
Fyld med skinke, banan og majs 173
Italiensk fyld 174
Spansk fyld 175

Appelsin og koriander fyld 175
Citron og koriander fyld 176
Orange-abrikos fyld 177
Æble-, rosin- og nøddefyld 178
Æble-, blomme- og paranøddefyld 179
Fyld med æbler, dadler og hasselnødder 179
Fyld med hvidløg, rosmarin og citron 180
Fyld med hvidløg, rosmarin og citron med parmesanost 181
Fisk og skaldyrsfyld 181
Parmaskinke fyld 182
Pølsefyld 182
Pølse og leverfyld 183
Pølse- og majsfyld 183
Pølse- og appelsinfyld 184
Kastanjefyld med æg 184
Kastanje- og tranebærfyld 185
Cremet kastanjefyld 185
Flødefyld af kastanjer og pølser 186
Cremet kastanjefyld med hele kastanjer 186
Kastanjefyld med persille og timian 187
Kastanjefyld med Gammon 188
Kyllingeleverfyld 189
Kyllingeleverfyld med pekannødder og appelsin 190
Triple Peanut Stuffing 190
Kartoffel- og kalkunleverfyld 191
Risfyld med urter 192
Spansk risfyld med tomater 193

Frugt Risfyldning ... 194
Far East Rice Stuffing ... 195
Krydret risfyld med nødder ... 195
Chokolade Chips ... 196
Djævelens kagemad ... 197
Mokka kage ... 199
Lagkage ... 199
Schwarzwald Kirsebærkage ... 199
Chokolade appelsinkage ... 200
Chokoladekage med smør og fløde ... 201
Chokolade Mokka kage ... 202
Appelsin og chokolade lagkage ... 203
Dobbelt chokoladekage ... 203
Kage med flødeskum og nødder ... 203
Juleport ... 204
amerikanske cookies ... 205
Chokolade-nøddekager ... 206
Havre toffee trekanter ... 207
Müsli trekanter ... 207
Chokolade Queenies ... 208
Queenies Chokolade Flakes ... 208
Morgenmad klid og ananas kage ... 209
Kage Sprød frugtchokoladekage ... 211
Kage Sprød Frugt Kage Mokka ... 212
Sprød kage med rom og rosiner ... 212
Sprød kage med frugtwhisky og appelsinkager ... 212
Crunch frugtkage med hvid chokolade ... 213

To-lags abrikos og hindbær cheesecake *213*
Cheesecake med jordnøddesmør *216*
Cheesecake med lemon curd *217*
chokolade cheesecake *217*
Sharon Frugt cheesecake *218*
Blåbær cheesecake *219*

Chokoladefondue

Understøtter 3-4

200 g (7 oz) almindelig (halvsød) chokolade
150 ml/¼ pt/2/3 kop dobbelt (tung) creme
15 ml/1 spsk whisky, rom, brandy eller appelsinsmag likør eller 5 ml/1 tsk vanilje essens (ekstrakt)
Små kiks, skumfiduser og/eller stykker frisk frugt til servering

Smuldr chokoladen og kom den i en skål. Smelt uden låg ved afrimning i 4-5 minutter, indtil den er blød. Rør fløden i og varm op under optøning i ca. 1½ minut. Tilsæt alkohol eller vaniljeessens. Serveres lun med kiks, skumfiduser og/eller friske frugtstykker til dypning.

Orange Chokolade Fondue

Understøtter 3-4

Tilbered som chokoladefondue, men brug kun Grand Marnier, Mandarine Napolean eller Cointreau. Smag til med 5 ml/1 tsk fintrevet appelsinskal.

Mokka Fondue

Understøtter 3-4

Tilbered som til chokoladefondue, men tilsæt 15 ml/1 spsk instant kaffepulver til cremen og brug kun Tia Maria, Kahlua eller kaffeessens (ekstrakt) efter smag.

Hvid chokolade fondue

Understøtter 3-4

Tilbered som til chokoladefondue, men udskift almindelig (halvsød) med hvid chokolade og tilsæt 30 ml/2 spsk afmålt fløde til chokoladen inden smeltning. Smag til med vaniljeessens (ekstrakt) eller appelsinlikør i stedet for den foreslåede spiritus.

Toblerone Fondue

Understøtter 3-4

Tilbered som til chokoladefondue, men udskift den almindelige (halvsøde) chokolade med Toblerone hvid, mælk eller mørk chokolade.

Royal chokolademousse

Gør 10-12

15 ml/1 spsk gelatinepulver
150 ml/¼ pt/2/3 kopper koldt vand
500 g/1 lb 2 oz almindelig (halvsød) chokolade (70 % kakao)
30 ml/2 spsk smør
75 ml/3 oz/5½ spsk stærk varm kaffe
4 æg, ved stuetemperatur, adskilt
Knivspids salt
Kaffe eller kakao (usødet chokolade) pulver til servering

Udblød gelatinen i en glaskande i koldt vand i 5 minutter. Smelt utildækket på fuld i 1½-2 minutter, indtil væsken er klar. Rør og sæt til side. Knus chokoladen og kom den i en ret stor skål med smør og kaffe. Smelt utildækket ved afrimning i 6-7 minutter. Tilsæt æggeblommer og smeltet gelatine. Afkøl til det begynder at tykne og stivne lidt rundt i kanterne. Bland æggehvider og salt til et stift skum. Pisk en tredjedel i chokoladeblandingen, og tilsæt derefter forsigtigt og glat resten. Fordel mellem 10-12 ramekins (flødekopper). Afkøl i flere timer, indtil den er fast. Drys med kaffe eller kakaopulver inden servering.

Pærer i hollandsk stil med Advocaat chokolademousse

Serverer 6

10 ml/2 tsk pulveriseret gelatine
30 ml/2 spsk koldt vand
100 g almindelig (halvsød) chokolade
2 æg, ved stuetemperatur, adskilt
150 ml/¼ pt/2/3 kopper advocaat (æggelikør)
425 g/15 oz/1 stor dåse pærehalvdele i juice eller sirup, drænet
30 ml/2 spsk hakkede pistacienødder

Udblød gelatinen i en glaskande i koldt vand i 5 minutter. Smelt utildækket på fuld i 1-1½ minut, indtil væsken er klar. Rør rundt og sæt til side. Smuldr chokoladen og kom i en separat skål. Smelt utildækket ved afrimning i 3-3½ minutter. Bland godt. Tilsæt opløst gelatine, æggeblommer og advocaat. Pisk indtil glat og jævnt kombineret. Dæk til og stil på køl, indtil det begynder at tykne og sætte sig. Pisk hviderne til et stift skum. Pisk en tredjedel i chokoladeblandingen, og tilsæt derefter resten med en metalske. Del pærerne i seks kopper sundae og overtræk jævnt med chokoladeblandingen. Afkøl indtil hærdet. Drys med nødder inden servering.

Traditionel chokolademousse

Serverer 4

100 g almindelig (halvsød) chokolade
15 ml/1 spsk usaltet (sødt) smør
4 æg ved køkkentemperatur, adskilt
Knivspids salt
Kiks (småkager), der skal serveres

Smuldr chokoladen, og kom derefter i 1,25L/2¼ pt/5½ kop smurt skål. Opvarm uden låg ved afrimning i 3½ til 4 minutter under omrøring en eller to gange, indtil begge ingredienser er smeltet. Tilsæt blommerne. I en separat skål piskes æggehviderne og saltet stivt. Pisk en tredjedel af chokoladeblandingen, og vend derefter forsigtigt resten i med en stor metalske. Hæld skeen i vinglas med fire stilke. Dæk med køkkenpapir og afkøl grundigt. Spis med svampefingre.

Chokolade-appelsin mousse

Serverer 4

Tilbered som til traditionel chokolademousse, men tilsæt 10 ml/2 tsk fintrevet appelsinskal med æggeblommer.

mokka mousse

Serverer 4

Tilbered som til traditionel chokolademousse, men tilsæt 10 ml/2 tsk instant kaffegranulat med æggeblommer.

fløde-chokolade-mynte mousse

Serverer 4

Forbered som til traditionel chokolademousse, men tilsæt et par dråber mynteessens (ekstrakt) med æggeblommer. Lige før servering toppes hver med flødeskum.

Berlin Air

Serverer 6-8

Det tyske svar på den italienske zabaglione og den britiske læseplan.

4 store æg, adskilt
Knivspids salt
150 g/5 oz/2/3 kop strøsukker
5 ml/1 tsk vaniljeessens (ekstrakt)
10 ml/2 tsk majsmel (majsmel)
150 ml/¼ pt/2/3 kopper sød hvidvin
150 ml/¼ pt/2/3 kop dobbelt (tung) creme
30 ml/2 spsk brandy
Wafer cookies (cookies) og blandede bær (valgfrit), til servering

Pisk æggehviderne stive med salt. I en stor skål piskes æggeblommer, sukker og vanilje sammen, indtil det er lyst og tykt. Pisk forsigtigt hviderne. Bland majsmelet med lidt vin, indtil det er glat, og tilsæt derefter resten. Vend i æggeblandingen. Kog uden låg på fuld i 3½ minut, pisk hvert 30. sekund, indtil det er skummende og cremet. Dæk til og lad det køle helt af. I en stor skål piskes fløden med brandy, indtil den er tyk. Pisk æggeblandingen gradvist.

Hæld i seks til otte individuelle ramekinkopper (flødekopper) og afkøl grundigt. Server med sprøde vaffelkager, og efter sæsonen serveres med friske bær.

karamelcreme

Serverer 4

Forbered en mængde bagt æggecreme. Hæld den købte karamelsauce i fire smurte ramekins (buddingkopper) og drys med æggecreme. Kog uden låg ved optøning i 8-9 minutter, indtil cremen har sat sig. Lad det køle af, og sæt det derefter på køl. Anret på individuelle tallerkener og server med creme fraiche.

Krydrede ferskner og appelsiner i rødvin

Serverer 6-8

8 store, modne ferskner, blancheret og skrællet

Citronsaft

300 ml/½ pt/1¼ kop tør rødvin

175 g/6 oz/¾ kop (meget fint) sukker

5 cm/2 tommer kanelstænger

4 hele nelliker

2 kardemommebælg

2 appelsiner, skrællede og skåret i tynde skiver

Skær ferskner i halve og drej for at skille dem ad. Fjern stenene (gruberne). Gnid frugtkødet med citronsaft. Kom resten af ingredienserne, undtagen appelsinerne, i et 20 cm/8 dybt fad. Dæk med en opadvendt tallerken og kog på fuld i 4 minutter. Rør for at blande. Tilsæt ferskerne, skær siderne ned og arranger appelsinskiverne tilfældigt. Dæk med husholdningsfilm (plastfolie) og skær op to gange for at lade damp slippe ud. Kog på fuld i 10 minutter, vend gryden to gange. Afkøl og stil på køl inden servering.

Krydrede pærer og appelsiner i rødvin

Serverer 6-8

Forbered som til krydrede ferskner og appelsiner i rødvin, men udskift ferskerne med 8 små dessertpærer, skrællet, halveret og udkernet.

Et skab med hindbærmousse

Serverer 6

15 ml/1 spsk gelatinepulver

30 ml/2 spsk koldt vand

425 g/15 oz/1 stor dåse hindbær i sirup, drænet og reserveret

3 æg, adskilt

45 ml/3 spsk pulveriseret sukker (meget fint)

Knivspids salt

150 ml/¼ pt/2/3 kopper piskefløde

15 ml/1 spsk ristede og hakkede hasselnødder til pynt

Kom gelatinen i en kande med koldt vand. Rør og lad stå i 5 minutter for at blive blød. Smelt utildækket på fuld i 2 minutter, indtil væsken er klar. Tilsæt hindbærsiruppen til gelatinen. Pisk forsigtigt blommer og sukker. Dæk til og stil på køl, indtil det begynder at tykne og sætte sig. Pisk hviderne og salt dem til stive toppe. Pisk fløden til en tyk masse. Pisk en tredjedel af æggehviderne med gelatineblandingen, og vend derefter to tredjedele af hindbærene og tre fjerdedele af cremen i. Fold de resterende hvider i med en metalske. Når de er glatte og godt kombineret, lægges de i seks desserter. Dæk til og afkøl indtil det er stivnet. Inden servering blandes den resterende creme med de resterende hindbær, og toppen af mousserne pyntes.

En bagatel med æggecreme, abrikoser og sherry

Serverer 8

600 ml/1 stk/2½ kopper sødmælk eller halv enkelt (let) fløde og halv mælk

15 ml/1 spsk majsmel (majsmel)

15 ml/1 spsk koldt vand

4 store æg

75 ml/5 spsk pulveriseret sukker (meget fint)

5 ml/1 tsk vaniljeessens (ekstrakt)

2 schweizerruller (gelé) med marmelade, skåret i tynde skiver

425 g/15 oz/1 stor dåse abrikoshalvdele, drænet

30 ml/2 spsk sød sherry

60 ml/4 spiseskefulde abrikossirup

150 ml/¼ pt/2/3 kop dobbelt (tung) creme

Hundreder og tusinder til at dekorere

Hæld mælken i kanden. Varm, utildækket, fuld i 2 minutter. Kom majsmel og vand i en 1,25L/2¼pt/5½ kop skål og bland indtil glat.

Pisk æggene et ad gangen. Tilsæt 45 ml/3 spsk flormelis og bland i varm mælk. Kog uden låg på fuld i 5-6 minutter, pisk hvert minut, indtil buddingen er et tyndt lag (den vil tykne, når den afkøles). Tilsæt vanilje. Dæk til og sæt til side. Sæt otte skiver Swiss Roll på siden af et 20 cm/8" dybt glasfad. Gem 8 abrikoshalvdele til pynt og hak resten groft. Bruges til at dække bunden af fadet med den resterende roulade. Fugt med sherry og abrikossirup. Dæk med halvdelen af den varme budding og lad den trække godt ind. Hæld resten af cremen ovenpå. Dæk til og stil på køl i 4-5 timer. Inden servering piskes fløden og det resterende flormelis til det er tykt. Brug til at dekorere toppen af pynten, og læg derefter de reserverede abrikoshalvdele ovenpå. Støv med hundreder og tusinder.

Kort Sherry

Serverer 6-8

1 schweizerrulle (gelé) fyldt med marmelade, skåret i tynde skiver

45 ml/3 spsk sød sherry

425 g/15 oz/1 stor dåse ferskenskiver eller frugtsmoothie, drænet og opbevaret i sirup

45 ml/3 spsk buddingpulver

30 ml/2 spsk fint (meget fint) sukker

600 ml/1 point/2½ kopper kold mælk

150 ml/¼ pt/2/3 kop flødeskum

Hundredtusinder og røde glacekirsebær (kandiserede)

Arranger skiver af Swiss Roll i bunden og halvvejs op på siden af en lav glasskål. Fugt sherry og et par spiseskefulde reserveret sirup. Dæk med afdryppet frugt. Kom buddingpulver og sukker i et ret dybt fad og bland til det er glat med lidt kold mælk. Tilsæt resten. Kog uden låg på fuld i 8 minutter, pisk kraftigt hvert minut for at gøre cremen glat. Lad det køle af, og hæld derefter over bagatel.

Dæk koldt og afkøl grundigt. Inden servering pyntes med flødeskum, hundredtusindvis og kirsebær.

Bemærk: brug rester af sirup i en frisk frugtsalat.

Chokoladecreme

Serverer 8

Forbered som til creme-, abrikos- og sherry-pynt, men brug 2 cremefyldte schweizerruller (gelé) i stedet for syltetøjsfyldte. Erstat sherry med kaffelikør og abrikoser med dåse pærehalvdele. Drys med revet chokolade eller en knust flagebar i stedet for hundreder og tusinder.

Bagatel med kiks

Serverer 6-8

Lav en af de tre nipsgenstande ovenfor, men udskift de købte kiks (8 i en pakke) med schweizisk roulade (gele). Del og fyld med marmelade (på dåse), hytteost eller chokoladepålæg.

Fluffy citronskyer

Servering 4-5

300 ml/½ pt/1¼ kop kold mælk
25 ml/1½ spsk buddingpulver
15 ml/1 spsk fint (meget fint) sukker
2 store æg, adskilt
1 pakke citrongelé (gelé)
Knivspids salt
Årstidens frugt til pynt

Bland lidt kold mælk og buddingpulver i en stor skål, indtil det er glat. Tilsæt resten. Kog uden låg på fuld i 3-3½ minutter, pisk hvert minut for at forhindre klumper, indtil blandingen koger og tykner. Pisk sukker og æggeblommer i. Dæk med et stykke husholdningsfilm (foliefolie), og læg det direkte på overfladen af cremen for at forhindre, at der dannes skorpe. Lad afkøle. Bræk geléen i tern. Kom i et målebæger med 60 ml/4 spsk vand. Dæk med underkop og smelt ved optøning i 2-2½ minut under omrøring to gange. Fyld op med 300 ml/½ pt/1¼ kop koldt vand. Fjern husholdningsfilmen fra cremen og pisk den smeltede gelé. Dæk til og stil på køl, indtil blandingen begynder at tykne og sætte sig. Pisk æggehvider og salt til stive toppe. Kør en tredjedel ind i geléen, tilsæt derefter resten jævnt med en stor metalske eller ballonpisker. Hæld i fire eller fem dessertglas eller fade. Dæk til og afkøl indtil fast og fast. Pynt med årstidens friske frugter.

Fluffy lime skyer

Servering 4-5

Forbered som til Fluffy Lemon Clouds, men udskift citronen med limegelé.

Æble sne

Serverer 4

30 ml/2 spsk blancmange med vaniljesmag
450 ml/¾ pt/2 glas kold mælk
45 ml/3 spsk pulveriseret sukker (meget fint)
125 g/4 oz/½ kop glat æblemos (æblemos)
2 store æg, adskilt
Presning af citronsaft
Revet citronskal

Hæld buddingpulveret i en 1,75L/3pt/7½ kop skål. Bland indtil glat med 60 ml/4 spsk afmålt mælk. Hæld den resterende mælk i en skål. Varm afdækket på fuld i 4 minutter. Rør i Blancmange-blandingen. Tilsæt sukker og bland grundigt. Kog uden låg på fuld i cirka 2½ minut, pisk hvert minut indtil glat og tyknet. Tilsæt æblemos og æggeblomme. Dæk til og stil til afkøling. Pisk æggehvider og citronsaft til stive toppe. Pisk en tredjedel i buddingblandingen, og vend derefter forsigtigt resten i med en stor metalske. En spiseskefuld til fire fade eller glas. Dæk til og stil på køl i flere timer. Drys let med citronskal inden servering.

Abrikos sne

Serverer 4

Forbered som til æblesne, men erstat abrikospuré i stedet for æblemos.

Citronmarengs krydrede pærer

Serverer 6

Alt i alt en overraskelsespakke.

75 g/3 oz/1/3 kop let, blødt brun farin

300 ml/½ pt/1¼ kop vand

60 ml/4 spsk tør hvidvin

5 cm/2 tommer kanelstænger

4 hele nelliker

6 hårde dessertpærer

1 pakke citronmarengsfyldblanding

150 ml/¼ pt/2/3 kop mælk ved stuetemperatur

Finrevet skal af 1 lille citron

Basilikumblade, til pynt

Kom sukker, vand, vin, kanelstang og nelliker i en 1,75L/3pt/7½ kop beholder. Varm afdækket på fuld i 3 minutter. Læg til side. Skræl pærerne, lad stænglerne sidde. Anret oprejst i et fad og hæld den krydrede sirupblanding over. Kom fadet i en bagepose og bind det med en snor. Kog på fuld i 7 minutter. Tag den ud af mikroovnen og tag fadet ud af posen. Si forsigtigt siruppen i en målekande. Bland med citronfyldet. Dæk med en underkop og kog på fuld i 2-3 minutter, pisk hvert 30. sekund, indtil blandingen koger. Lad afkøle i 5 minutter. Tilsæt mælk og citronskal. Dæk pærer og citronsauce og stil på køl i flere timer. Inden servering overtrækkes pærerne med cirka halvdelen af saucen og pyntes med basilikumblade.

Finsk tranebærpisk

Serverer 6

225 g/8 oz tranebær, optøet frosne
150 ml/¼ pt/2/3 kopper vand
175 g/6 oz/¾ kop (meget fint) sukker
5 ml/1 tsk fintrevet citronskal
150 ml/¼ pt/2/3 kopper piskefløde
150 ml/¼ pt/2/3 kop dobbelt (tung) creme
2 store æggehvider

Kom tranebærene, vand, sukker og citronskal i en 1,25 L/2¼ pt/5½ kop. Dæk med en tallerken og kog på fuld i 8½ minutter, rør to gange og knus frugten mod siden af fadet. Lad køle helt af. Pisk cremerne sammen til de er tykke. Pisk hviderne til et stift skum.

Tilsæt skiftevis fløde og æggehvider til tranebærene. Flyt op til seks individuelle retter. Afkøl lidt inden servering.

Tranebær-Orange pisk

Serverer 6

Tilbered som i finsk tranebærbar, men tilsæt 10 ml/2 tsk revet appelsinskal med citronskal.

Kissel

Serverer 4

Det russiske svar på blancmange, lavet af frugter, der vokser vildt på landet omkring hytter eller sommerhuse i træ.

450 g blandinger af bløde bær
60 ml/4 spsk rødvin, æblejuice eller vand
75 g/3 oz/1/3 kop (meget fint) sukker
5 ml/1 tsk vaniljeessens (ekstrakt)
Skal af 1 citron, skåret i strimler
15 ml/1 spsk majsmel eller kartoffelmel
30 ml/2 spsk koldt vand
En enkelt (let) creme eller hjemmelavet yoghurt til servering

Blend frugten i en blender eller foodprocessor. Sigt for at fjerne frø. Hæld vin, juice eller vand i en skål. Tilsæt sukker, vanilje og citronstrimler. Dæk med en tallerken og kog på fuld i 3½ minutter, rør to gange for at opløse sukkeret. Tilsæt blåbærpuréen. Dæk som før og kog på fuld i 2 minutter. Afdryp i en ren skål. Bland majseller kartoffelmel til det er glat med vand. Tilføj til frugtblanding. Kog uden låg på fuld i 2-3 minutter under omrøring tre gange, indtil det er tyknet. Lad afkøle. Hæld i fire dessertfade, dæk til og stil på køl i flere timer. Før servering lægges ovenpå evt. fløde eller yoghurt.

Hjemmelavet yoghurt

Til cirka 900 ml/1½ pt/3¾ kopper

900 ml/1½ point/3¾ kopper sødmælk
60 ml/4 spsk skummetmælkspulver (fedtfri mælkepulver)
150 ml/¼ pt/2/3 kop almindelig yoghurt

Hæld mælken i skålen. Varm op uden låg ved afrimning i ca. 4-5 minutter, indtil den er lun, men ikke varm. Tilsæt skummetmælk og yoghurt. Dække over. Lad stå et varmt sted i 12 timer for at sætte sig - et linnedskab er ideelt. Opbevares i køleskabet, når det er koldt.

Gryder med abrikoser

Serverer 8

350 g/12 oz/2 kopper tørrede abrikoshalvdele
600 ml/1 stk/2½ kopper kogende vand
30 ml/2 spsk appelsinblomstvand
60 ml/4 spsk flormelis (konfekture), sigtet
225 g / 8 oz / 1 kop tyk græsk naturyoghurt
Hindbær Coulis

Vask abrikoserne grundigt, og læg dem derefter i blød i kogende vand, dækket af en tallerken, i mindst 6 timer. Dræn og overfør til en skål. Tilsæt afmålt kogende vand. Dæk med husholdningsfilm (plastfolie) og skær op to gange for at lade damp slippe ud. Kog ved optøning i 25-30 minutter, vend skålen tre gange. Tag den ud af mikrobølgeovnen og lad den køle af til den er lunken. Kom appelsinblomstvandet og sukkeret i en foodprocessor og kør maskinen, indtil blandingen danner en nogenlunde jævn puré. Bland med yoghurt og ske jævnt over otte ramekins (flødekopper). Dæk til og afkøl. Dæk med sauce inden servering.

Potter med svesker

Serverer 8

350 g tørrede, udstenede (frøfri) svesker
600 ml/1 stk/2½ kopper kogende vand
30 ml/2 spsk appelsinblomstvand
60 ml/4 spsk flormelis (konfekture), sigtet
30-45 ml/2-3 spsk armagnac
225 g / 8 oz / 1 kop tyk græsk naturyoghurt
Hakkede pekannødder og demerara sukker til servering

Vask sveskerne grundigt, og læg dem derefter i blød i kogende vand, dækket af en tallerken, i mindst 6 timer. Dræn og overfør til en skål. Tilsæt afmålt kogende vand. Dæk med husholdningsfilm (plastfolie) og skær op to gange for at lade damp slippe ud. Kog ved optøning i 25-30 minutter, vend skålen tre gange. Tag den ud af mikrobølgeovnen og lad den køle af til den er lunken. Kom svesker, appelsinblomstvand, sukker og armagnac i en foodprocessor og kør maskinen, indtil blandingen danner en nogenlunde jævn puré. Bland med yoghurt og ske jævnt over otte ramekins (flødekopper). Dæk til og afkøl. Drys med pekannødder og demerara sukker inden servering.

Kirsebærjubilæum

Serverer 6

Et af Nordamerikas prisvindende eksemplarer og et show til at imponere.

400 g/14 oz/1 stor dåse kirsebærfrugtfyld
30 ml/2 spsk koldt vand
30 ml/2 spsk Kirsch eller brandy
Vanilje is

Kom frugtfyldet i en skål og rør vandet i. Varm afdækket ved afrimning i 3 minutter. Rør rundt. Fordel jævnt i et lavt fad. I en separat gryde opvarmes den udækkede sjæl ved afrimning i 45 sekunder. Hæld kirsebærene over og sæt forsigtigt ild på. Server straks over isskugler.

Frugter af skovens jubilæum

Serverer 6

Forbered som til Jubilee Kirsebær, men udskift æble- og brombærfyldet med sorte kirsebær og jordbæris med vanilje.

Hollandsk chokoladeis

Serverer 4

90 ml/6 spsk advocaat
75 ml/5 spsk enkelt (let) creme
2 små bananer, skåret i tynde skiver
Vanilje- eller chokoladeis
1 stykke chokoladeflager, knust

Hæld Advocaaten i et fad og bland med fløden. Tilsæt bananer. Varm afdækket ved afrimning i 3 minutter. Bland forsigtigt. Hæld is-skugler over is- eller dessertglas og drys med chokoladeflager. Spis med det samme.

Is med flødelikør

Serverer 4

Tilbered som hollandsk chokoladeis, men erstat enhver flødelikør med talsmand efter smag.

Vindrue og hindbærgelé

Serverer 4

1 pakke hindbærgelé (jello)
225 g blandede sorte og grønne druer uden kerner, skyllet og drænet
Vaffelkiks (småkager), til servering

Skær geléen i tern med en køkkensaks og læg den i et målebæger med 60 ml/4 spsk koldt vand. Smelt utildækket ved afrimning i 2-2½ minut. Fyld op til 450 ml/¾ pt/2 kopper med koldt vand. Dæk til og afkøl indtil det begynder at tykne og stivne – det kan slet ikke være flydende. Hæld druerne i den fortykkede gelé. Fordel ligeligt mellem fire desserter eller glas med stilke. Dæk løst med køkkenpapir og stil på køl til det er stivnet. Server med vaffelkiks.

Mandarin og citrongelé

Serverer 4

Forbered som til vindrue- og hindbærgele, men udskift hindbærene med citrongele og skræl druerne med friske mandariner, clementiner eller satsumas.

Creme af sorte kirsebær og ris

Serverer 4

1 pakke kirsebærgele (jello)
400 g/14 oz/1 stor dåse risengrød
75 ml/5 spsk enkelt (let) creme
30 ml/2 spsk sort kirsebærsyltetøj (på dåse)

Skær geléen i tern med en køkkensaks og kom i et målebæger. Smelt utildækket ved afrimning i 2-2½ minut. Tilsæt risengrød og fløde, pisk forsigtigt uden at piske. Fyld op til 600 ml/1 pt/2½ kopper med koldt vand. Dæk let og afkøl, indtil det begynder at tykne og sætte sig, og rør ofte. Fordel jævnt mellem fire isglas og lad køle helt af. Inden servering toppes med 7,5 ml/1½ tsk marmelade.

Bananstykker

Serverer 4

Tilbagekomsten af noget særligt efter længere tids fravær.

Skræl 4 store bananer, og skær derefter i halve på langs. Anret på fire tallerkener. Placer 2 kugler vaniljeis mellem dem for at lave en "sandwich", og tilsæt derefter en hvilken som helst varm chokoladesauceopskrift. Drys eller ske på den bløde flødeskum og server straks.

Krydret blommeskum

Serverer 4

450 ml/¾ point/2 glas sveskejuice

15 ml/1 spsk gelatinepulver

8 cm/3 stykker kanelstang

2 stjerneanis

30 ml/2 spsk finthakket appelsinmarmelade

2 store æggehvider

Knivspids salt

30 ml/2 spsk flødeskum

Stødt kanel

Hæld 45 ml/3 spsk sveskesaft i en lille skål. Tilsæt gelatine og bland. Stil til side i 5 minutter for at blive blød. Smelt utildækket ved afrimning i 2-2½ minut. Læg til side. Hæld den resterende sveskesaft i en stor kande og tilsæt kanelstang, stjerneanis og marmelade. Varm op uden låg på fuld i 6 minutter, eller indtil væsken begynder at boble. Pisk forsigtigt den opløste gelatine. Afdryp i en ren skål. Dæk med en tallerken og afkøl, og stil derefter på køl, indtil det begynder at tykne og sætte sig. Pisk æggehvider og salt til stive toppe. Pisk en tredjedel i den delvist hærdede sveskegelé, og vend derefter de resterende æggehvider grundigt i med en stor metalske eller spatel. Hæld i fire glasfade, dæk løst til og stil til side i køleskabet i et par timer.

Afkølede appelsiner med varm mynte-chokoladesauce

Serverer 4

4 store appelsiner, skrællet og skåret i meget tynde skiver
Varm chokolade myntesauce
myntekviste

Skræl og skær appelsinerne i meget tynde skiver, og sørg for at alle kerner er fjernet. Anret på fire sideplader, dæk til og stil på køl, indtil de er næsten iskold. Hæld hver sauce over umiddelbart før servering, og pynt derefter med myntekviste.

Sommer frugtskimmel

Serverer 4

En slags sommerbudding på ingen tid. Den er udpræget sød og syrlig og har meget fløde eller sødet fløde.

500g/1lb 2oz frossen blandet sommerfrugt

1 pakke hindbærgelé (jello)

Kom frugten i en skål. Dæk med en tallerken og optø ved afrimning i 7-8 minutter. Fjern fra mikrobølgeovnen. Skær geléen i tern og kom den i en skål eller kande. Smelt utildækket ved afrimning i 2½ minut. Bland med frugt. Stil den på køl, indtil den begynder at tykne og sætte sig, og rør ofte for at holde frugten suspenderet i geléen. Overfør til en fugtig form eller skål og dæk til. Afkøl indtil fast og helt størknet. Vend på en tallerken og server.

Vandmelon og Abrikos Chill med frosne druer

Serverer 4

150 ml/¼ pt/2/3 kopper sød hvidvin
150 ml/¼ pt/2/3 kop hvid druesaft
Skal af 1 lime, skåret i smalle strimler
175 g/6 oz/1 kop tørrede abrikoser, godt vasket og skåret i strimler
5 ml/1 tsk vaniljeessens (ekstrakt)
2,5 ml/½ tsk mandelessens (ekstrakt)
1 stor kile rød vandmelon
4 klaser sorte druer uden kerner
1 lille æggehvide, let pisket
pulveriseret sukker (meget fint)

Hæld vin og druesaft i en 1,25L/2¼ pt/5½ kop skål. Tilsæt halvdelen af citronskal. Varm afdækket på fuld i 4 minutter. Tilføj abrikosstrimler. Kog uden låg på fuld i 2 minutter. Tilsæt vanilje- og mandelessens (ekstrakt). Dæk til og stil til afkøling. Afkøl grundigt, når det er koldt. Skær vandmelonkødet fra skindet og fjern alle sorte frø. Skær kødet i små tern. Læg til side. Vask og tør druerne, men lad dem sidde fast på stilken. Dyp dem i æggehvide, så de dækker, og rul dem derefter i et tykt lag melis. Lad tørre og trække i mindst en time. Tilsæt melonen til abrikosblandingen og kom i fire glasdessertskåle. Top med en klase frostede druer og den resterende limeskal, skåret i smalle strimler.

Krus med rabarber og mandarin

Serverer 6

450 g rabarber, skåret og hakket
300 gl/11 oz/1 stor dåse mandariner i sirup
60 ml/4 spiseskefulde pulveriseret sukker
5 ml/1 tsk fintrevet appelsinskal
Hindbær- eller jordbærsorbet

Kom rabarberne i et fad på 1,25 l/2¼pt/5½ kop med 30 ml/2 spsk mandarinsirup og alt sukkeret. Dæk med en tallerken og kog på fuld i 7-9 minutter, indtil rabarberne er møre. Afdæk og bland afdryppede mandariner og appelsinskal. Dæk til og afkøl, sæt derefter på køl i flere timer. Hæld en spiseskefuld i seks glas over kuglerne af sorbet og spis med det samme.

Kopper med rabarber og mandarin med ingefærcreme

Serverer 6

450 g rabarber, skåret og hakket
300 gl/11 oz/1 stor dåse mandariner i sirup
60 ml/4 spiseskefulde pulveriseret sukker
5 ml/1 tsk fintrevet appelsinskal
5 ml/1 tsk ingefærmarmelade (på dåse)
90 ml/6 spsk dobbelt (tung) fløde, pisket
Vanilje is

Kom rabarberne i et fad på 1,25 l/2¼pt/5½ kop med 30 ml/2 spsk mandarinsirup og alt sukkeret. Dæk med en tallerken og kog på fuld i 7-9 minutter, indtil rabarberne er møre. Afdæk og bland afdryppede mandariner og appelsinskal. Dæk til og afkøl, sæt derefter på køl i flere timer. Bland marmeladen let med cremen. Hæld rabarber- og mandarinblandingen i seks glas til kugler is og drys med 25 ml/1½ spsk ingefærcreme. Spis med det samme.

Chokoladejordbær på ananassorbet

Serverer 4

175 g/6 oz almindelig (halvsød) chokolade
15 g/½ ounce/1 spsk usaltet (sødt) smør
16-20 store jordbær uden skal, vasket og tørret
Ananas sorbet

Bræk chokoladen og kom den i gryden med smørret. Smelt uden låg ved afrimning i ca. 3½ minut. Hvis chokoladen bliver på den hårde side, så giv den 10 sekunders pulser, mens den tøer op, indtil den begynder at løbe af - lad være med at overophede, ellers bliver chokoladen kornet. Hold hvert jordbær ved det grønne skal og stilk, rul dem i chokoladen, indtil de er tre fjerdedele dækket. Stil på en bageplade beklædt med bagepapir (vokset) og lad den køle af, indtil den stivner. Til servering placeres kugler sorbet i fire glasdessertskåle og drysses med jordbær.

Dansk "Æblekage"

Servering 4-6

En gammel ven fra Danmark og en fornem og flot isdessert - slet ikke som en kage.

750 g kogte (tærte) æbler, skrællet og skåret i skiver
45 ml/3 spsk kogende vand
90 ml/6 spsk pulveriseret sukker (meget fint)
125 g/4 oz/½ kop smør
100 g/3½ oz/1¾ kop friske hvide brødkrummer
30 ml/2 spsk let blødt brun farin
150 ml/¼ pt/2/3 kop dobbelt (tung) creme
15 ml/1 spsk mælk
20-60 ml/4-6 teskefulde rød marmelade (på dåse)

Læg æbleskiverne i en 1,75L/3pt/7½ kop gryde med kogende vand. Dæk med en tallerken og kog på fuld i 7-8 minutter, indtil de er meget bløde. Pisk til en masse, og tilsæt derefter pulveriseret sukker. Læg til side. Smelt smørret i en bradepande (pande). Tilsæt brødkrummerne og steg (svits) konventionelt, indtil de er let brunede. Tilsæt brun farin. Lad afkøle. Fyld fire til seks sundaes eller andre høje glas med skiftende lag af æbler og krummer, der slutter med krummer. Pisk fløde og mælk til det er blødt. Stak ovenpå hver portion og tilsæt derefter 5 ml/1 tsk marmelade til hver portion.

En bondepige med slør

Servering 4-6

En variant af dansk æblekage, også dansk men bruger 5 skiver smuldret rugbrød i stedet for hvide rasp. Bortset fra det er ingredienserne og metoden de samme.

Kejserris

Serverer 6-8

En gammel fransk traditionel opskrift, forenklet ved at bruge indkøbte ingredienser.

400 g/14 oz/1 stor dåse risengrød

400-450 g/14-16 oz/1 stor dåsecreme

25 ml/1½ spsk gelatinepulver

125 ml/4 oz/½ kop koldt vand

60 ml/4 spsk glat abrikosmarmelade (på dåse)

5 ml/1 tsk vaniljeessens (ekstrakt)

2,5 ml/½ tsk mandelessens (ekstrakt)

30 ml/2 spsk flerfarvede kirsebær (kandiserede), groft hakket

Kombiner risengrød og vanillecreme i en 2L/3½ pt/8½ kop skål. Kom gelatinen i en skål og bland den med halvdelen af vandet.

Opvarm uden låg ved afrimning i 1¾-2 minutter, indtil smeltet og væsken er klar. Tilsæt det resterende vand. Bland forsigtigt med ris- og buddingblandingen. Overfør marmeladen til en tom lille skål. Genopvarm uden låg, afrim i 1-1½ minut. Rør i risblandingen med vanilje- og mandelessens (ekstrakt). Dæk til og afkøl indtil stivnet. Tilsæt kirsebær. Skyl 1,5L/2½pt/6 kop geléformen med koldt vand, og fyld derefter med risblandingen. Dæk til og afkøl indtil fast og fast. Tag ud og server med eventuel frugtsauce.

Frugtmousse til børn

Servering 4-6

En nem og økonomisk slik, der nåede sin storhedstid i 1950'erne.

1 pakke jordbærgelé (jello)
300 ml/½ pt/1¼ kop koldt vand
175 ml/6 fl oz/1 lille dåse fuldfedt kondenseret mælk, på køl natten
over
30 ml/2 spsk frisk eller flaske citronsaft
Flødeskum og frugt til dekoration (valgfrit)

Skær geléen i tern og kom i en målekande. Dæk med en tallerken og smelt ved afrimning i 2-2½ minut. Rør vandet i gradvist. Opbevar tildækket og stil på køl, indtil det begynder at tykne. Pisk den afkølede inddampede mælk let og skummende. Tilsæt citronsaften lidt efter lidt og fortsæt med at piske indtil mælken tykner til konsistensen af flødeskum. Pisk den stadig flydende gelé let, men glat. Overfør til fire til seks små retter og afkøl indtil stivnet. Pynt med fløde og/eller dåse eller frisk frugt, hvis du har lyst.

hindbær-ribs mousse

Serverer 4

En mere raffineret udgave af Børnefrugtmousse, som trygt kan gives til voksne.

1 pakke hindbærgelé (jello)
150 ml/¼ pt/2/3 kopper koldt vand
150 ml/¼ pt/2/3 kop hindbærpuré lavet af friske eller frosne hindbær
175 ml/6 fl oz/1 lille dåse fuldfedt kondenseret mælk, på køl natten over
30 ml/2 spsk frisk eller flaske citronsaft
Flødeskum og frisk solbær til pynt

Skær geléen i tern og kom i en målekande. Dæk med en tallerken og smelt ved afrimning i 2-2½ minut. Tilsæt gradvist vand og hindbærpuré. Opbevar tildækket og stil på køl, indtil det begynder at tykne. Pisk den afkølede inddampede mælk let og skummende. Tilsæt citronsaften lidt efter lidt og fortsæt med at piske indtil mælken tykner til konsistensen af flødeskum. Pisk den stadig flydende gelé let, men glat. Rør i fire vinglas og stil på køl til det er stivnet. Pynt med creme fraiche og solbær.

Welsh toasts med ost

Serverer 2

125 g/1 kop cheddarost, revet
5 ml/1 tsk sennepspulver
5 ml/1 tsk majsmel (majsmel)
1 blomme
10 ml/2 tsk mælk
Salt og friskkværnet sort peber
2 store skiver friskbagt toast
Peber

Bland ost med sennep, majsmel, æggeblomme og mælk. Krydr efter smag. Fordel på toast. Overfør til individuelle plader. Kog en ad gangen, uden låg, på fuld i 1 minut. Drys let med paprika og spis med det samme.

Blandet sjælden ost

Serverer 2

Forbered som for Welsh Rarebit, men udskift halvdelen af Cheddaren med 50 g/2 oz/½ kop Stilton-krummer.

Buck Rarebit

Serverer 2

Forbered som til Welsh Rarebit, men drys hver skive med et stegt (stegt) æg, enten i mikrobølgeovn eller konventionelt kogt.

Bacon Sjælden

Serverer 2

Læg 4 skiver bacon (skiver) på en tallerken og dæk med køkkenpapir. Kog på fuld i 2½ minut. Tilbered Welsh Rarebit og dæk hver skive med 2 skiver bacon.

Sjælden øl

Serverer 4

Lidt mere udsmykket, dette er en betydelig middags- eller aftensnack.

25 g/2 spsk smør eller margarine ved kogetemperatur
5 ml/1 tsk mild sennep
2,5 ml/½ tsk Worcestershire sauce
5 ml/1 tsk ketchup (catsup)
225 g/2 kopper cheddarost, revet
45 ml/3 spsk mørk øl
4 skiver friskbagt toast
1 stor tomat, skåret i skiver
Hakket persille
Bacon og stegt (stegt) eller stegt (valgfrit) æg, til servering

Kombiner smør eller margarine med sennep, Worcestershire sauce, ketchup, ost og øl. Fordel lige store mængder på ristet brød. Overfør til fire individuelle plader. Kog uden låg en ad gangen på fuld i 1 minut. Tilsæt tomatskiver og drys med persille. Drys med bacon og/eller æg, hvis du har lyst.

Ungarske åben top salami sandwich

Serverer 4

De er baseret på en opskrift fundet i en folder på en ungarsk messe i London. Subtil rygning af salami giver sandwichene en kontinental karakter.

4 forårsløg (skalotteløg), finthakket

75 g/3 oz ungarsk salami, skrællet og finthakket

175 g/1½ kop emmentaler ost, fint revet

2 æggeblommer

4 store skiver friskbagt toast

Syltede agurkeskiver, til pynt

Kom løg og salami i en skål og kombiner med ost og æggeblommer. Fordel på toast. Kog en ad gangen, uden låg, på fuld i 1-1½ minut, indtil osten er smeltet. Server med det samme.

Granola

Gør cirka 750 g/1½ lb/6 kopper

Ligesom tør og sød müsli med en markant knitren og knas er den en import fra Nordamerika, hvor den spises som morgenmadsprodukter med mælk eller som snack i stedet for kiks (småkager). Det er ikke en diætmad, men kan nydes som en lejlighedsvis weekendforkælelse.

125 g/4 oz/½ kop smør eller margarine
90 ml/6 spsk gylden sirup (lys majs)
250 g/9 oz/2¼ kop havregryn
45 ml/3 spsk groft klid
100 g/3½ oz/lille ½ kop let, blødt brun farin
75 g/3 oz/¾ kop hakkede nødder
100 g/3½ oz/2/3 kop rosiner

Kom smørret eller margarinen i et 25 cm/10 cm ovnfast fad (hollandsk ovn). Tilsæt sirup. Smelt utildækket ved afrimning i 4 minutter. Bland alle andre ingredienser undtagen rosiner. Kog uden låg på fuld i 9½ minutter under omrøring fire eller fem gange, indtil granolaen er let brunet. Tilsæt rosiner og bland grundigt. Stil til side, indtil den er kølig og sprød, og mos derefter med en gaffel, indtil den er smuldrende. Opbevares i en lufttæt beholder.

Honning granola

Gør cirka 750 g/1½ lb/6 kopper

Tilbered som til Granola, men erstat siruppen med ren honning.

Havregrød

Til 1 portion: kom 25 g/1 oz/¼ kop havregryn i kornskålen. Tilsæt 150 ml/¼ pt/2/3 kopper kold mælk eller vand og en knivspids salt. Kog uden låg på fuld i 1¾-2 minutter under omrøring to gange. Stil til side i halvandet minut før du spiser.

Til 2 portioner i 2 skåle: forbered som til 1 portion, men kog på fuld i 3-3½ minutter.

Til 3 portioner i 3 skåle: tilbered som til 1 portion, men kog på fuld i 3½-4 minutter.

Bacon

Bacon reagerer godt på tilberedning i mikrobølgeovn og krymper mindre end traditionel grillning (tilberedning) eller stegning (svitning). Læg skiverne eller skiverne (skiverne) i et enkelt lag på en tallerken og dæk let med køkkenpapir for at undgå sprøjt og tilsmudsning af ovnen. Den nødvendige tilberedningstid varierer afhængigt af baconens type og tykkelse, men dette er en generel retningslinje:

1 skive: kog på fuld i 45-60 sekunder

2 skiver: kog på fuld i 1½-1¾ minutter

3 skiver: kog på fuld i 2-2¼ minutter

4 skiver: kog på fuld i 2½-2¾ minutter

5 skiver: kog på fuld i 3-3½ minutter

6 skiver: kog på fuld i 4-4½ minutter

Når den er kogt, drænes baconen på rent køkkenpapir.

Grundlæggende hvid sauce

Serverer 4

En multifunktionel og alsidig hældesovs kendt og værdsat over hele verden for sin glatte og fløjlsbløde tekstur og blanke udseende.

300 ml/½ pt/1¼ kop mælk
25 g/2 spsk smør eller margarine
25 g/1 oz/¼ kop almindeligt (all-purpose) mel
Salt og friskkværnet sort peber eller flormelis (meget fint)

Hæld mælken i en kande, og varm den uden låg på fuld i 2 minutter. Kom smør eller margarine i en 900 ml/1½ pt/3¾ kop skål. Smelt utildækket ved afrimning i 1 minut. Rør melet i for at lave en roux. Opvarm, utildækket, på fuld tilstand i 30 sekunder. Tag den ud af mikrobølgeovnen og bland gradvist den varme mælk i. Kog uden låg på fuld i 3-4 minutter, pisk hvert minut for maksimal glathed, indtil saucen koger og tykner. Smag til med salt og peber til en krydret sauce og pulveriseret sukker til en sød.

Bechamel sauce

Serverer 4

Dette er en aristokratisk version af Basic White Sauce, opkaldt efter Louis XIV's steward. Den er vigtig i de store køkkener i den vestlige verden og er vildledende nem at lave. Brug kun til krydrede retter.

300 ml/½ pt/1¼ kop mælk
1 pose med garni buket
1 laurbærblad
1 lille løg, pillet og skåret i kvarte
2 store kviste persille
1,5 ml/¼ tsk revet muskatnød
25 g/2 spsk smør eller margarine
25 g/1 oz/¼ kop almindeligt (all-purpose) mel
Salt og friskkværnet sort peber

Hæld mælken i en 900ml/1½ pt/3¾ kop kande. Tilsæt garni bouquet, laurbærblad, løg, persille og muskatnød. Dæk med en underkop og bring det i kog, og lad det tø op i 5-6 minutter. Tag den ud af mikrobølgeovnen, opbevar den tildækket og lad den køle af, indtil den er lunken. Spænding. Kom smør eller margarine i en 900 ml/1½ pt/3¾ kop skål. Smelt utildækket ved afrimning i 1 minut. Rør melet i for at lave en roux. Opvarm, utildækket, på fuld tilstand i 30 sekunder. Tag den ud af mikrobølgeovnen og blend gradvist den smagfulde mælk. Kog uden låg på fuld i 3-4 minutter, pisk hvert minut for maksimal glathed, indtil saucen koger og tykner. Smag til med salt og peber.

kapersauce

Serverer 4

Til skøjter, sild, makrel og lam.

Forbered som for den grundlæggende hvide sauce, men halvvejs gennem kogningen tilsættes 20 ml/4 tsk drænet og hakket kapers.

ostesauce

Serverer 4

Til bacon og skinke, fisk, fjerkræ og grøntsager.

Forbered som til almindelig hvid sauce, men halvvejs gennem kogningen tilsættes 50-75g/2-3oz/½-¾ kop revet hård ost og 5ml/1 tsk sennep.

Mornay sauce

Serverer 4

En nær slægtning til ostesauce, også til bacon og skinke, fisk, fjerkræ og grøntsager.

Forbered som til den grundlæggende hvide sauce, men brug mælk krydret med salt og friskkværnet sort peber og tilsæt 50-75 g/2-3 oz/½-3/4 kop revet gruyère (schweizer) halvvejs i kogetiden.

Æggesauce

Serverer 4

Også kendt som hollandsk æggesauce eller Mock Hollandaise. Til fisk og fjerkræ.

Forbered som til den grundlæggende hvide sauce, men tilsæt 2 hakkede hårdkogte æg med krydderier.

Svampesauce

Serverer 4

Til fisk, fjerkræ og æggeretter såsom omeletter.

Opvarm 50 g/2 oz/½ kop tynde skiver svampe med 10 ml/2 tsk smør på fuld i 1½ minut. Halvvejs gennem tilberedningstiden røres den forberedte hvide basissauce i. Smag til med stødt muskatnød.

Sennepssauce

Serverer 4

Server med svinekød og skinke, indmad og fed fisk som makrel og sild.

Forbered som til den grundlæggende hvide sauce, men tilsæt 10-15 ml/2-3 tsk engelsk sennep og 10 ml/2 tsk krydret citronsaft.

løgsauce

Serverer 4

Til grillet (stegt) og bagt lam.

Hak 1 løg og læg i et lille fad med 25 ml/1½ spsk koldt vand og 1,5 ml/¼ tsk salt. Dæk med husholdningsfilm (plastfolie) og skær op to gange for at lade damp slippe ud. Kog på fuld i 4-5 minutter, indtil de er møre. Bland med den tilberedte hvide Basic sauce.

persillesovs

Serverer 4

Til fisk, grøntsager, fjerkræ og kogt bacon.

Forbered som til den grundlæggende hvide sauce, men tilsæt 45-60 ml/3-4 spsk hakket persille med krydderier.

Brøndkarse sauce

Serverer 4

Til fisk og fjerkræ.

Tilbered som til den grundlæggende hvide sauce, men tilsæt 45-60 ml/3-4 spsk hakket brøndkarse sammen med krydderierne.

hælde sauce

Serverer 4

Forbered som til den grundlæggende hvide sauce, men reducer mængden af mel til 15 g/½ oz/1 spsk. Smag til med salt og peber og brug som hvid "sauce", eller sød med sukker og server dampet eller bagt budding.

Alt-i-én sauce

Serverer 4

En hurtig version af den grundlæggende hvide sauce.

25 g/1 oz/¼ kop almindeligt (all-purpose) mel
300 ml/½ pt/1¼ kop mælk
25 g/2 spsk smør eller margarine
Salt og friskkværnet sort peber eller flormelis (meget fint)

Pisk melet i mælken i en skål, og tilsæt derefter smør eller margarine. Kog uden låg på fuld i 6-6½ minutter, pisk fire eller fem gange, indtil det er tykt og glat. Smag efter smag.

hollandaise sauce

Serverer 6-8

En af vor tids største saucer, traditionelt fremstillet, kræver dygtighed og kulinarisk kunst. I mikroovnen opfører det sig, som om du var en kok af ubestridt glans. Brug den med kogt laks og ørred, broccoli og blomkål, med artiskokker og asparges.

125 g/4 oz/½ kop letsaltet smør
15 ml/1 spsk citronsaft, drænet
2 æggeblommer
Salt og friskkværnet sort peber
Knip pulveriseret sukker (meget fint)

Kom smørret i en 900ml/1½ pt/3¾ kop kande eller et fad. Smelt, uden låg, på fuld i 1½ minut, indtil det er varmt og boblende. Tilsæt citronsaft og æggeblommer og bland grundigt. Vend tilbage til mikrobølgeovnen og kog på fuld i 30 sekunder. Rør kraftigt. Saucen er klar, når den er tyk som kold fløde og klæber til piskeriset; hvis ikke, kog i yderligere 15 sekunder. Smag til efter smag, og tilsæt derefter sukker for at opveje skarpheden af citronsaften. Serveres varm. Hold meget øje med tilberedningstiden, for hollandaise, der ikke tykner og ser krumset ud, er gennemstegt. En måde er at piske i 30-45 ml/2-3 spsk meget koldt vand; den anden er at piske 30 ml/2 spsk dobbelt (tung) fløde i;

Bearnaise kort sauce

Serverer 6-8

Anbefales til bøffer og sjældne roastbeef.

Tilbered som til hollandaisesauce, men erstat citronsaft med eddike og tilsæt 2,5 ml/½ tsk tørret estragon med krydderier og sukker.

maltesisk sauce

Serverer 6-8

Til ferskvandsfisk og fjerkræ.

Tilbered som til hollandaisesauce, men tilsæt 5 ml/1 tsk meget fintrevet appelsinskal med krydderier og sukker.

mayonnaise sauce

Giver 600 ml/1 pt/2½ kopper

På grund af den nuværende bekymring for at spise rå æggeblommer, blandes æggene i denne mayonnaise med en meget varm væske, hvilket svarer til at være delvist kogt og derfor sikrere end almindelig hjemmelavet mayonnaise baseret på helt rå æggeblommer. Konsistensen er tyndere end traditionel mayonnaise, men når den er kold, er den tyk nok til at dække maden tilfredsstillende. Den er også perfekt som saucemixer med coleslaw og kartoffelsalat.

600 ml/1 stk/2½ kop solsikke- eller tidselolie

30 ml/2 spsk citronsaft

15 ml/1 spsk vin eller æblecidereddike

2,5 ml/½ teskefuld fint sukker

15–20 ml/3–4 teskefulde salt

5 ml/1 tsk sennep

2 store æg

Hæld 75 ml/5 spsk olie i en lille skål. Tilsæt citronsaft, eddike, sukker, salt og sennep. Varm afdækket ved afrimning i 3-4 minutter, indtil den er meget varm. Knæk æggene i en blender og tilsæt den varme olieblanding. Kør maskinen, indtil den er glat. Mens maskinen stadig kører, men låget er slukket, tilsæt den resterende olie i en tynd, jævn strøm. Overfør til en skål. Dæk til og stil på køl til det er koldt og tykt. Opbevar i køleskabet i en krukke med skruetop og brug efter behov.

cocktail sauce

Giver 600 ml/1 pt/2½ kopper

En skaldyrsklassiker.

Forbered som til mayonnaisesauce. Når den er tyknet, blandes 30 ml/2 spsk tomatpuré (pasta), 10 ml/2 spsk peberrod, et skvæt varm pebersauce såsom Tabasco og 5 ml/1 spsk Worcestershire sauce.

Louis sauce

Giver 600 ml/1 pt/2½ kopper

San Francisco sauce skabt i begyndelsen af det 20. århundrede af kokken Louis Diat. Det er specielt til krabbesalat.

600 ml/1 stk/2½ kop solsikke- eller tidselolie
30 ml/2 spsk citronsaft
15 ml/1 spsk vin eller æblecidereddike
2,5 ml/½ teskefuld fint sukker
15–20 ml/3–4 teskefulde salt

5 ml/1 tsk sennep

2 store æg

Chili eller varm pebersauce

60 ml/4 spsk piskefløde, let pisket

¼ grøn peberfrugt, hakket og finthakket

15 ml/1 spsk finthakket forårsløg (skalotteløg)

Saft af ½ lille citron

Hæld 75 ml/5 spsk olie i en lille skål. Tilsæt citronsaft, eddike, sukker, salt og sennep. Varm afdækket ved afrimning i 3-4 minutter, indtil den er meget varm. Knæk æggene i en blender og tilsæt den varme olieblanding. Kør maskinen, indtil den er glat. Mens maskinen stadig kører, men låget er slukket, tilsæt den resterende olie i en tynd, jævn strøm. Overfør til en skål. Dæk til og stil på køl til det er koldt og tykt. Rør chili- eller pebersaucen i for at holde den lidt varm, og tilsæt derefter fløde, grøn peber, purløg og citronsaft. Opbevar i køleskabet i en krukke med skruetop og brug efter behov.

Thousand Island dressing

Giver 600 ml/1 pt/2½ kopper

600 ml/1 stk/2½ kop solsikke- eller tidselolie

30 ml/2 spsk citronsaft

15 ml/1 spsk vin eller æblecidereddike

2,5 ml/½ teskefuld fint sukker

15–20 ml/3–4 teskefulde salt

5 ml/1 tsk sennep

2 store æg

Lidt chili eller pebersauce

1-2 hårdkogte æg (side 98-9), hakket fint

30–45 ml/2–3 spiseskefulde tomatketchup (catsup)

15 ml/1 spsk finthakket løg

15 ml/1 spsk hakket persille

30 ml/2 spsk hakkede fyldte oliven (valgfrit)

30 ml/2 spsk flødeskum (valgfrit)

Hæld 75 ml/5 spsk olie i en lille skål. Tilsæt citronsaft, eddike, sukker, salt og sennep. Varm afdækket ved afrimning i 3-4 minutter, indtil den er meget varm. Knæk æggene i en blender og tilsæt den varme olieblanding. Kør maskinen, indtil den er glat. Mens maskinen stadig kører, men låget er slukket, tilsæt den resterende olie i en tynd, jævn strøm. Overfør til en skål. Dæk til og stil på køl til det er koldt og tykt. Rør chili eller varm pebersauce, hakkede æg, ketchup, løg, persille og oliven og creme fraiche i, hvis du bruger. Opbevar i køleskabet i en krukke med skruetop og brug efter behov.

Grøn Sauce

Giver 600 ml/1 pt/2½ kopper

Designet til fisk.

Forbered som til mayonnaisesauce. Efter fortykning blandes 15 ml/1 spsk hakket persille, 15 ml/1 spsk hakket purløg og 15 ml/1 spsk brøndkarse. Du kan også tilføje lidt hakket estragon.

Remouladesauce

Giver 600 ml/1 pt/2½ kopper

Den passer perfekt til pålæg, især til okse- og fiskeretter.

Forbered som til mayonnaisesauce. Når de er tykne, blandes 4 hakkede ansjosfileter i olie, 5 ml/1 tsk fransk sennep, 5 ml/1 tsk hakket estragon og 5 ml/1 tsk hakket persille, 10 ml/2 tsk hakkede cornichoner og 10 ml/2 tsk hakkede kapers . Du kan også tilføje lidt hakket kørvel.

tatarisk sauce

Giver 600 ml/1 pt/2½ kopper

Til fisk.

Forbered som til mayonnaisesauce. Når den er tyknet, blandes 45 ml/3 spsk hakkede cornichoner (agurker), 30 ml/2 spsk hakket persille og 15 ml/1 spsk finthakkede kapers.

Mayonnaisesauce uden æg

Serverer 4

60 ml/4 spsk koldt vand

90 ml/6 spsk solsikkeolie

1 oz/25 g/1/3 kop mælkepulver (fedtfri mælkepulver)

2,5 ml/½ teskefuld salt

2,5 ml/½ teskefuld sennepspulver

20 ml/4 teskefulde vin eller æblecidereddike

10 ml/2 tsk citronsaft

en knivspids sukker

Hæld vand i en lille skål. Varm afdækket på fuld i 1 minut, indtil den er varm. Hæld i en blender eller foodprocessor og tilsæt alle de øvrige ingredienser. Kør maskinen, indtil den er glat. Overfør til en lille skål, dæk til og stil på køl til afkøling. Dressingen tykner natten over, men kan fortyndes til den ønskede konsistens med varmt vand.

Myntesauce

Servering 4-5

En meget britisk sauce til lammesteg.
60 ml/4 spsk finthakkede friske mynteblade
60 ml/4 spiseskefulde vand
15 ml/1 spsk fint (meget fint) sukker
75 ml/5 spiseskefulde malteddike
Salt og friskkværnet sort peber

Kom alle ingredienserne i målebægeret. Varm afdækket på fuld i 3 minutter. Serveres koldt.

Appelsinsauce

serverer 6-8

Til pålæg og grillretter.

225 g/8 oz/1 kop ribsgele (ren marmelade)

Finrevet skal og saft af 1 appelsin

10 ml/2 tsk Grand Marnier

Kom ribsgeleen med appelsinskal og saft i et 1,25 liter/2¼ stykke/5½ kop målebæger. Varm op uden låg ved afrimning i 5-6 minutter, omrør tre eller fire gange, indtil geléen er smeltet. Lad saucen køle af og bland derefter Grand Marnier i. Serveres koldt.

Jelly urte blandet sauce

Serverer 8-10

Til lam.

450 ml/¾ stykke/2 glas hvid drue- eller æblejuice

15 ml/1 spsk gelatinepulver

2,5 ml/½ teskefuld salt

30 ml/2 spsk hakket mynte

45 ml/3 spsk hakket purløg

40 ml/2½ spsk hakkede korianderblade (koriander)

Hæld 45 ml/3 spsk frugtjuice i en 1,25 L/2¼ pt/5½ kop skål. Tilsæt gelatine. Stil til side i 5 minutter for at blive blød. Smelt utildækket ved afrimning i 2-2½ minut. Bland den resterende saft med saltet. Dæk koldt og køl, indtil det begynder at tykne og sætte sig rundt om kanterne. Bland alle andre ingredienser. Overfør til et lille serveringsfad og afkøl indtil det er helt sat. Hæld på tallerkener til servering.

Urtesauce i gelé med citron

Serverer 8-10

Til fisk.

Tilbered som i geléblandet urtesauce, men erstat korianderen (koriander) med hakket persille og tilsæt 10 ml/2 tsk revet citronskal med de resterende ingredienser.

salsa

Serverer 6

En simpel version af den trendy mexicanske kryddersauce, der kan bruges som dip eller til at spise mexicansk stil. Det tilføjer også lidt karakter til stege og grillet (kogt) mad, kedelig ost som mozzarella og omeletter. Nogle salsaer er ikke kogte, men genopvarmning af denne ret tykke version blødgør smagen.

3 store tomater, blancheret, skrællet, hakket og hakket
1 sødt eller spansk løg, fint revet
1-2 hele grønne chilier, hakket og finthakket

1-2 fed hvidløg, knust

30 ml/2 spsk hakkede korianderblade (koriander)

5-10 ml/1-2 tsk salt

Placer tomaterne i 1,25 L/2¼pt/5½ kop skålen med løg, chili og hvidløg. Dæk med en tallerken og varm på fuld i 3 minutter. Lad køle helt af. Rør koriander og salt i inden servering.

Glat salsa

Serverer 6

Forbered som til salsa, men efter tilberedning kom ingredienserne i en blender, og før du tilsætter koriander og salt, blendes indtil en glat puré.

Meget varm salsa

Serverer 6

Tilbered som salsa, men fordoble eller endda tredoble mængden af grønne chilier. Vær forsigtig, når du spiser.

Koriander salsa

Serverer 6

Forbered som salsa, men øg mængden af koriander (koriander) til 25 g/1 oz/¼ kop.

Æblesauce

Serverer 4

Et must med flæskesteg, and og gås.

450 g kogte (tærte) æbler, skrællede, skåret i kvarte, udkeret og skåret i tynde skiver

45 ml/3 spsk kogende vand

10-15 ml/2-3 teskefulde pulveriseret sukker

10 ml/2 tsk smør eller margarine

Kom æblerne i en 1,25L/2¼pt/5½ kop skål med vand. Dæk med en tallerken og kog på fuld i 7-8 minutter, indtil de er møre og kødfulde, under omrøring to gange. Pisk indtil glat. Tilsæt sukker og smør eller margarine. Serveres varm eller kold.

Fru Beetons brune æblesauce

Serverer 4

Forbered som til æblemos, men kog æblerne i en tynd sauce i stedet for vand.

Stikkelsbærsauce

Serverer 4

Gammel engelsk sauce, traditionelt serveret med gås, and og makrel.

Forbered som til æblemos, men erstat æbler med 225 g/8 oz/2 kopper hakkede stikkelsbær og tilsæt 5 ml/1 tsk fintrevet citronskal med andre ingredienser.

Salsa med majs

Serverer 4

Til grillretter.

10 ml/2 tsk majsolie
3 forårsløg (skalotteløg), finthakket
30 ml/2 spsk finthakkede korianderblade (koriander)
1 dåse rød pimiento, drænet og hakket
2 store oksetomater, blancheret, flået, frøet og hakket
175 g/6 oz/1½ kop frosne majs (majs), optøet
10 ml/2 tsk jalapenosauce
10 ml/2 tsk frisk limesaft
5 ml/1 tsk salt

Hæld olien i en 1,25L/2¼pt/5½ kop skål. Tilsæt løg, koriander og pimiento. Kog uden låg på fuld i 2½ minut under omrøring én gang. Bland tomater og majs. Dæk med en tallerken og varm på fuld i 2 minutter. Lad køle helt af. Tilsæt resten af ingredienserne.

Østrigsk æble- og peberrodsauce

Serverer 6-8

Et eksempel på en usædvanlig og uventet, usædvanlig varm sauce til oksekød.

450 g kogte (tærte) æbler, skrællede, skåret i kvarte, udkeret og skåret i tynde skiver

30 ml/2 spsk kogende vand

10 ml/2 tsk pulveriseret sukker (konfekture), sigtet

30 ml/2 spsk blancherede og finthakkede mandler

15-45 ml/1-3 spsk fintrevet frisk peberrod eller 30-45 ml/2-3 spsk peberrod i fløde

2,5-5 ml/½-1 tsk salt

10 ml/2 tsk malteddike

Kom æblerne i en 1,25L/2¼pt/5½ kop skål med vand. Dæk med en tallerken og kog på fuld i 7-8 minutter, indtil de er møre og kødfulde, under omrøring to gange. Bland alle andre ingredienser. Dæk som før og kog på fuld i 1½ minut. Serveres varm.

Hvidløgssauce

Servering 4-6

Ekstremt hvidløgssovs fra Italien, designet til at blive smidt i varme pastaretter.

45 ml/3 spsk olivenolie

50 g/2 oz/¼ kop smør

6 fed hvidløg, knust

30 ml/2 spsk finthakket persille

2,5 ml/½ teskefuld tørret basilikum

2,5-5 ml/½-1 tsk salt

Friskkværnet sort peber efter smag

Kom alle ingredienser i en 600 ml/1 stk/2½ kop skål. Dæk med en tallerken og opvarm ved optøning i 3-4 minutter under omrøring én gang. Tilsæt varm spaghetti eller anden pasta og spis med det samme.

Æble-peberrodsauce

Serverer 6-8

Rumænsk æblemos til kylling.

50 g/2 oz/¼ kop smør
2 store, kogte (revet) æbler, skrællet og revet
50 g/2 oz/½ kop almindeligt (all-purpose) mel
450 ml/¾ point/2 kopper varm kyllingebouillon
5-10 ml/1-2 tsk revet peberrod eller 10 ml/2 tsk peberrodsauce
Salt
150 ml/¼ pt/2/3 kopper piskefløde, pisket til det er tykt
Sigtet pulveriseret sukker (konfekture) (valgfrit)

Placer smør i 1,5 l/2½pt/6 kop skål og opvarm uden låg på fuld i 1¼ minut. Tilsæt æbler og kog uden låg på fuld i 3 minutter under omrøring én gang. Tilsæt mel og kog på fuld i 20 sekunder. Tilsæt gradvist til den varme bouillon. Kog uden låg på fuld i 4-5 minutter, pisk hvert minut indtil glat. Tilsæt peberrod, smag til med salt, tilsæt creme fraiche. Hvis saucen er for sur, tilsæt lidt flormelis. Server med det samme.

Brød sauce

Serverer 6-8

Vintage tradition med fjerkræ.

300 ml/½ pt/1¼ kop mælk

1 pose med garni buket

1 laurbærblad

1 lille løg, pillet og skåret i kvarte

2 store kviste persille

1,5 ml/¼ tsk revet muskatnød

65 g friske hvide rasp fra skorpefrit brød

15–25 g/½–1 oz/1–2 spsk smør eller margarine

Salt og friskkværnet sort peber

Hæld mælken i en 900ml/1½ pt/3¾ kop kande. Tilsæt garni bouquet, laurbærblad, løg, persille og muskatnød. Dæk med en underkop og kog på Optøning, vent ca. 5-6 minutter. Fjern fra mikrobølgeovnen, opbevar tildækket og stil til afkøling. Spænding. Tilsæt krummer. Kog uden låg ved optøning indtil den er tyknet, vent ca. 4-6 minutter og rør rundt hvert minut. Tilsæt smør eller margarine og smag til. Varm afdækket ved afrimning i 1 minut.

Brun brød sauce

Serverer 6-8

Tilbered som i brødsauce, men udskift det hvide med friske rasp fra brunt, skorpefrit brød.

Tranebær sauce

Serverer 6-8

Sød og sur, frugtig vintersauce og en sprudlende og genial tilføjelse til fjerkræ.

225 g/8 oz/2 kopper tranebær, optøet frosne
150 ml/¼ pt/2/3 kopper vand
175 g/6 oz/¾ kop pulveriseret sukker
5 ml/1 tsk fintrevet citronskal

Placer alle ingredienser i en 1,25L/2¼pt/5½ kop skål. Dæk med en tallerken og kog på fuld i 8-8½ minutter, rør to gange og knus frugten mod siden af skålen, indtil frugten er blød. Tag den ud af mikrobølgeovnen, opbevar tildækket og server kold. Opbevar eventuelle rester i køleskabet i en tildækket beholder.

tranebærvinsauce

Serverer 6-8

Forbered som til tranebærsaucen, men skift vandet ud med rødvin.

Tranebær-appelsin sauce

Serverer 6-8

Forbered som for tranebærsaucen, men erstat vandet med appelsinjuice.

Tranebær-æblemos

Serverer 6-8

Forbered som for tranebærsauce, men erstat 1 skåret kogt (revet) æble i stedet for halvdelen af tranebærene.

Cumberland sauce

Serverer 6

En fyldig og typisk engelsk sauce til skinke, svinekød og tunge.

5 ml/1 tsk mild sennep

30 ml/2 spsk let blødt brun farin

1,5 ml/¼ teskefuld malet ingefær

En knivspids cayennepeber

300 ml/½ pt/1¼ kop tør hvidvin eller portvin

2 hele nelliker

15 ml/1 spsk majsmel (majsmel)

30 ml/2 spsk koldt vand

60 ml/4 spsk ribsgele (ren marmelade)

5 ml/1 tsk revet appelsinskal

5 ml/1 tsk revet citronskal

Saft af 1 lille appelsin

Saft af 1 citron

Kom sennep, sukker, ingefær, cayenne, vin eller portvin og nelliker i en 1,25L/2¼pt/5½ kop skål og opvarm afdækket på fuld i 6 minutter under omrøring tre gange. Bland i mellemtiden majsstivelsen med det kolde vand jævnt. Rør vinblandingen i med de resterende ingredienser. Kog uden låg på fuld i 4-6 minutter under omrøring hvert minut, indtil saucen tykner og er jævn, og geléen er smeltet. Serveres varm.

Slovensk vinsauce

Servering 4-6

Grøntsags- og vinpuré beriget med fløde. Det går især godt med vildtkød og duer.

50 g/2 oz/¼ kop saltet smør

2 gulerødder, fint revet

30 ml/2 spsk almindeligt (all-purpose) mel

300 ml/½ pt/1¼ kop tør hvidvin

100 g skivede svampe

1 lille laurbærblad

Salt og friskkværnet sort peber

150 ml/¼ pt/2/3 kop syrnet (mejeri)fløde

Kom smørret i en 1,25L/2¼pt/5½kopsskål og opvarm afdækket på fuld i 1¼ minut. Tilsæt gulerødder. Dæk to tredjedele med en tallerken og kog på fuld i 4 minutter under omrøring to gange. Tilsæt mel, vin, champignon og laurbærblad. Dæk med en tallerken og kog på fuld i 6-7 minutter, indtil ingredienserne er møre. Fjern laurbærbladet og smag til. Overfør til en blender eller foodprocessor og blend til en glat puré. Kom tilbage i skålen og rør fløden i. Varm på fuld i 1-1½ minut.

Tynd sauce til fjerkræ

Serverer 6

15 ml/1 spsk majsmel (majsmel)
25 ml/1½ spsk koldt vand
1 kyllinge- eller grøntsagsbouillonterning eller 7,5 ml/1½ tsk brunt saucepulver
300 ml/½ pt/1¼ kop bouillon, inklusive pandesaft fra stegt kylling eller kalkun
Salt og friskkværnet sort peber

Bland forsigtigt majsmel og koldt vand i en 900 ml/1½ pt/3¾ kop skål eller kande. Knus i en bouillonterning eller bland med saucepulver. Tilsæt bouillon. Kog uden låg på fuld i 4-6 minutter under omrøring hvert minut, indtil saucen tykner lidt. Smag til inden servering.

Tyk kødsauce

Serverer 6

Tilbered som for tynd sauce til fjerkræ, men brug 30 ml/2 spsk majsmel (majsmel) blandet med 40 ml/2½ spsk koldt vand.

Kort orientalsk sauce

Serverer 6-8

Denne krydsning mellem indisk og malaysisk sauce er en fantastisk måde at tilføje smag til andet pålæg og pølser.

300 ml/10 fl oz/1 dåse kondenseret selleri eller svampesuppe
150 ml/¼ pt/2/3 kop kogende vand
30 ml/2 spsk tomatpuré (pasta)
15 ml/1 spsk mild eller varm karrypasta
1 fed hvidløg, knust
5 ml/1 tsk gurkemeje
30 ml/2 spsk frugtchutney
15 ml/1 spsk sprødt jordnøddesmør
20 ml/4 teskefulde tørret (revet) kokosnød

Hæld suppen i en 1,25L/2¼pt/5½ kop skål med halvdelen af vandet. Tilsæt alle andre ingredienser undtagen kokos. Dæk med en tallerken og kog på fuld i 4 minutter, pisk hvert minut. Stil til side i 2 minutter. Bland med det resterende vand og kokos. Varm afdækket på fuld i 1 minut.

Indonesisk jordnøddesauce

Serverer 6-8

I Fjernøsten serveres denne sauce på en række koldkogte grøntsager, der ligner en salatdressing, men kan også bruges som en stærk sauce til grillmad og kødspyd.

15 ml/1 spsk majsolie

2 løg, finthakket

1 fed hvidløg, knust

350 g/12 oz/1½ kop glat jordnøddesmør

10 ml/2 teskefulde let blødt brun farin

Saft af 1 lille citron

600 ml/1 stk/2½ kopper kogende vand

30 ml/2 spsk brun bordsauce

Salt og friskkværnet sort peber

Hæld olien i en 1,25L/2¼pt/5½ kop skål. Opvarm på fuld i 30 sekunder. Tilsæt løg og hvidløg. Kog uden låg på fuld i 6 minutter under omrøring tre gange. Tilsæt jordnøddesmør, sukker, citronsaft og halvdelen af vandet. Kog uden låg på fuld i 2-3 minutter under omrøring tre gange, indtil saucen er havregryn. Fjern fra mikrobølgeovnen. Fortynd saucen ved at røre det resterende vand i, og smag derefter til med den brune sauce og salt og peber.

Kreolsovs

Serverer 6-8

Jazzsauce fra Mississippi, i solnedgangens farver og overfloden af middelhavsprodukter. Det passer godt til æg, fjerkræ, oksekød og er endda en vegetarisk tilføjelse til luftig kartoffelmos eller ris.

20 ml/4 teskefulde majsolie

1 stort løg, revet

1 fed hvidløg, knust

30 ml/2 spsk udstenede (frøfri) grønne oliven, hakket

½ lille grøn peberfrugt, frøet og finthakket

50 g hakkede svampe

1 lille laurbærblad

400 g/14 oz/1 stor dåse hakkede tomater

15 ml/1 spsk hakkede basilikumblade

15 ml/1 spsk hakket persille

10 ml/2 tsk mørkt blødt brun farin

5 ml/1 tsk salt

5 ml/1 tsk Tabasco eller anden varm pebersauce

5 cm/2 tommer citronskal

Hæld olie, løg og hvidløg i en 2L/3½ pt/8½ kop skål. Kog uden låg på fuld i 6 minutter under omrøring tre gange. Bland oliven, grøn peber og svampe. Kog uden låg på fuld i 2 minutter. Bland alle andre ingredienser. Dæk med husholdningsfilm (plastfolie) og skær op to gange for at lade damp slippe ud. Kog på fuld i 6-7 minutter, vend skålen tre gange, indtil saucen er varm. Lad stå 2 minutter før brug.

Hurtig kreolsauce

Servering 4-6

30 ml/2 spsk tørrede (klokke) paprikaflager
300 ml/10 fl oz/1 dåse fortykket tomatsuppe
75 ml/5 spiseskefulde kogende vand
2,5 ml/½ teskefuld tørret oregano
5 ml/1 tsk let blødt brun farin
5 ml/1 tsk Worcestershire sauce

Hæld det kogende vand over peberflagerne og stil til side i 3 minutter. Si grundigt. Kom suppen og det afmålte kogende vand i en 1,25L/2¼pt/5½ kop og pisk indtil glat. Bland resten af ingredienserne. Varm afdækket på fuld i 4-5 minutter under omrøring tre gange, indtil den er meget varm.

Newburger sauce

Serverer 4

Hovedsageligt forbundet med hummere, går denne vidunderlige sauce godt sammen med mange andre skaldyr, især krabber.

25 g/1 oz/2 spsk smør
1 lille løg, revet
30 ml/2 spsk almindeligt (all-purpose) mel
300 ml/½ pt/1¼ kop enkelt (let) creme, opvarmet til lunken
3 æggeblommer
60 ml/4 spsk tør sherry eller hvid portvin
Salt og friskkværnet sort peber

Smelt udækket smør på fuld i 1 minut i en 900 ml/1½ pt/3¾ kop skål. Tilsæt løg og kog uden låg på fuld i 1 minut, mens du rører én gang. Tilsæt mel og kog uden låg på fuld i 1 minut. Bland gradvist med cremen. Kog uden låg på fuld i 4-4½ minutter, pisk hvert minut, indtil den er tyk og glat. Pisk æggeblommer og sherry eller portvin. Tilsæt saucen og smag til. Vend tilbage til mikrobølgeovnen og kog uden låg ved optøning i 1-1½ minut. Dræb og servér.

Krydret brun sauce

Servering 4-6

Baseret på den klassiske franske sauce er dette en trick-version, der er et trumfkort til grillede (bagte) retter og stege og gamle familievenner som pølser, tudse i hullet og corned beef.

300 ml/10 fl oz/1 dåse kondenseret oksekødsuppe
75 ml/5 spiseskefulde kogende vand
15 ml/1 spsk hakkede korianderblade (koriander)
15 ml/1 spsk hakket persille
15 ml/1 spsk hakket kapers
15 ml/1 spsk hakkede cornichoner (agurker)
2,5 ml/½ teskefuld tørrede urteblandinger
15 ml/1 spsk brun bordsauce
15 ml/1 spsk portvin
Salt og friskkværnet sort peber

Kom alle ingredienser i en 1,25L/2¼pt/5½ kop skål og kog uden låg på fuld i 5 minutter, pisk hvert minut, indtil det er varmt og glat.

Krydret Sauce Med Syltede Nødder

Servering 4-6

Forbered som til den krydrede brune sauce, men erstat kapersene med 15 ml/1 spsk hakkede syltede valnødder.

portugisisk sauce

Serverer 6

Den gode smag af denne friske tomatsauce gør underværker med laks og muntrer op stegt kylling og kalkun.

30 ml/2 spsk olivenolie

1 løg, fint revet

2 skiver (skiver) magert bacon, finthakket

1-2 fed hvidløg, knust

1 lille gulerod, revet

30 ml/2 spsk almindeligt (all-purpose) mel

5 tomater, blancheret, flået og skåret i skiver

45 ml/3 spsk tomatpuré (pasta)

150 ml/¼ pt/2/3 kop kogende kød- eller grøntsagsfond

10 ml/2 tsk syltede krydderi, bundet i et stykke muslin

10 ml/2 tsk mørkt blødt brun farin

5 ml/1 tsk salt

5 cm/2 strimler citronskal

10 ml/2 tsk frisk citronsaft

Friskkværnet sort peber

Tilsæt olivenolie, løg, bacon, hvidløg og gulerod i en 2L/3½ pt/8½ kop skål. Kog uden låg på fuld i 4 minutter under omrøring to gange. Rør melet i og kog på fuld i 1 minut. Bland alle de øvrige ingredienser, tilsæt peber efter smag. Dæk med husholdningsfilm (plastfolie) og skær op to gange for at lade damp slippe ud. Kog hele i 7 minutter, vend to gange. Lad stå i 3 minutter. Afdryp i et rent fad. Dæk med en tallerken og varm på Fuld i 2-3 minutter før servering.

Rustik tomatsauce

Servering 4-6

30 ml/2 spsk olivenolie

1 løg, meget fint hakket

2 selleristængler, finthakket

1 skive (skive) bacon, finthakket

1 lille gulerod, revet

1 fed hvidløg, knust

25 ml/1½ spsk almindeligt (all-purpose) mel

400 g/14 oz/1 stor dåse blommetomater, pureret

30 ml/2 spsk tomatpuré (pasta)

10 ml/2 tsk mørkt blødt brun farin

1,5 ml/¼ tsk revet muskatnød

2,5 ml/½ teskefuld salt

150 ml/¼ pt/2/3 kop kogende bouillon eller vand

Hæld olien i en 2L/3½ pt/8½ kop skål. Bland løg, selleri, bacon, gulerødder og hvidløg. Kog uden låg på fuld i 4½ minut under omrøring to gange. Tilsæt mel. Kog uden låg på fuld i 30 sekunder. Tilsæt alle andre ingredienser og bland grundigt for at blande. Dæk delvist med en tallerken og kog på fuld i 7 minutter under omrøring tre gange. Stil til side i 2 minutter.

Kalkun karrysauce med jakkekartofler

Serverer 6

15 ml/1 spsk majsolie
2 løg, hakket
20 ml/4 tsk mildt, medium eller varmt karrypulver
350 g/12 oz/3 kopper hakket (hakket) kalkun
20 ml/4 teskefulde hvedemel
150 ml/¼ pt/2/3 kop kokosmælk på dåse
150 ml/¼ pt/2/3 kopper vand
30 ml/2 spsk tomatpuré (pasta)
15 ml/1 spsk frugtchutney
5 ml/1 tsk salt
Saft af 1 lime
30 ml/2 spsk æblejuice
150 ml/¼ pt/2/3 kop tyk naturlig yoghurt

Hæld olien i en 1,25L/2¼pt/5½ kop skål. Opvarm på fuld i 30 sekunder. Tilsæt løg og karry. Kog uden låg på fuld i 5 minutter under omrøring tre gange. Tilsæt kalkun. Dæk med en tallerken og kog på fuld i 6 minutter, omrør med en gaffel tre eller fire gange for at gøre kalkunen mør. Bland alle andre ingredienser undtagen yoghurt. Dæk som før og kog på fuld i 4 minutter under omrøring to gange. Lad stå i 4 minutter. Øs en skefuld skåret kartofler og top dem med en klat tyk yoghurt.

Kalkun tandoorisauce med jakkekartofler

Serverer 6

Forbered kalkunkarrysauce til jakkekartofler, men erstat tandooripulver i stedet for karry.

Krydret okse chili sauce til jakke kartofler

Serverer 6

60 ml/4 spiseskefulde majs- eller solsikkeolie

2 løg, hakket

2 fed hvidløg, knust

350 g/12 oz/3 kopper magert malet (hakket) oksekød

30 ml/2 spsk almindeligt (all-purpose) mel

2,5-10 ml/½-2 tsk chilipulver

30 ml/2 spsk tomatpuré (pasta)

300 ml/½ pt/1¼ kop varmt vand

5 ml/1 tsk salt

45 ml/3 spiseskefulde tør cider

Hæld olien i en 1,25 liter/2¼ pt/5½ kop beholder. Tilsæt løg og hvidløg. Kog uden låg på fuld i 5 minutter, omrør to gange. Tilsæt oksekød. Dæk med en tallerken og kog på fuld i 6 minutter, rør med en gaffel tre eller fire gange for at holde kødet mørt. Tilsæt resten af ingredienserne. Dæk med husholdningsfilm (plastfolie) og skær op to gange for at lade damp slippe ud. Kog på fuld i 6 minutter, vend gryden to gange, indtil den bobler. Stil til side i 5 minutter. Rør rundt, og hæld derefter over jakkekartofler.

Hak sauce

Serverer 4

En assertiv sauce fra den edvardianske æra til grillede koteletter, kylling og bøffer. Det er lidt af en lang vej, så mængderne er små.

15 ml/1 spsk tomatketchup (catsup)

5–10 ml/1–2 tsk ansjosessens (ekstrakt)

5 ml/1 tsk engelsk sennep

15 ml/1 spsk vineddike

45 ml/3 spsk dobbelt (tung) creme

2,5 ml/½ tsk Worcestershire sauce

Et skvæt varm pebersauce

Placer alle ingredienser i en 600 ml/1 stk/2½ kop målekande. Opvarm, utildækket, på fuld i 1¼ - 1½ minut, omrør to gange, indtil det er varmt, men ikke kogende. Brug med det samme.

Krydret ost og gulerodssauce til kartofler i jakker

Serverer 4

Vegetar sauce med sprødt temperament.

25 g/2 spsk smør eller margarine

1 stor gulerod, revet

30 ml/2 spsk almindeligt (all-purpose) mel

300 ml/½ pt/1¼ kop opvarmet mælk

5 ml/1 tsk sennepspulver

1,5 ml/¼ teskefuld cayennepeber

Et nip stødt muskatnød

2,5 ml/½ teskefuld salt

2,5 ml/½ teskefuld tørret merian

50 g/2 oz/½ kop revet ost

Kom smør eller margarine i et fad på 1,25 liter/2¼ pt/5½ kop. Smelt utildækket ved afrimning i 1 minut. Tilføj en gulerod. Kog uden låg på fuld i 4 minutter under omrøring to gange. Tilsæt mel. Kog uden låg på fuld i 30 sekunder, og rør derefter gradvist den opvarmede mælk i. Kog uden låg på fuld i 4 minutter, mens der røres kraftigt hvert minut. Tilsæt resten af ingredienserne. Kog på fuld i 30 sekunder. Bland det hele sammen og hæld det over jakkekartoflerne.

Basting saucer

Smurt på stegekød, fjerkræ og grillretter fremskynder de bruningen og får dem til at se mere appetitlige ud. De tilføjer også smag og kan bruges som base for saucer og salte saucer.

Smør knitrende

Gør omkring 60 ml/4 spsk

25 g/2 spsk smør eller margarine ved kogetemperatur
15 ml/1 spsk tomatpuré (pasta)
5 ml/1 tsk paprika
5 ml/1 tsk Worcestershire sauce
5 ml/1 tsk let blødt brun farin

Smelt udækket smør ved optøning i 1-1½ minut. Tilsæt resten af ingredienserne. Opvarm ved afrimning i 30 sekunder og brug efter behov.

Krydret karrybund

Gør omkring 60 ml/4 spsk

Forbered som til Butter Baste, men tilsæt 5 ml/1 tsk mild karry, 5 ml/1 tsk sennepspulver, 2,5 ml/½ tsk hvidløgssalt og en knivspids gurkemeje med de øvrige ingredienser.

Jalapeno mexicansk grillbaste

Serverer 6

Du kan ikke forveksle et spark syd for grænsen med en, der tilføjer grillet svinekød og kylling som intet andet.

150 ml/¼ pt/2/3 kop puff sauce

45 ml/3 spiseskefulde tomatketchup (catsup)

15 ml/1 spsk sojasovs

15 ml/1 spsk Worcestershire sauce

15 ml/1 spsk jalapenosauce

15 ml/1 spsk frisk limesaft

2,5 ml/½ teskefuld tørrede urteblandinger

Placer alle ingredienser i en 600 ml/1 stk/2½ kop beholder. Dæk med underkop og varm på fuld i 2½ minut. Rør rundt og brug til drysning.

Tomatgryde

Gør omkring 60 ml/4 spsk

Fedtfri choke, ideel til dem, der er på slankende og fedtfattig diæt, såvel som rigt kød såsom svinekød, and og gås.

15 ml/1 spsk tomatpuré (pasta)
5 ml/1 tsk engelsk sennep
5 ml/1 tsk malteddike
5 ml/1 tsk Worcestershire sauce

Bland alle ingredienser grundigt i en kande og opvarm afdækket på fuld i 10 sekunder.

hollandsk smørblandecreme

Servering 4-6

Frodig at spise og en creme at lave, når du løber tør for frisk eller har lyst til noget lidt anderledes. Den kan piskes til toppe som flødeskum og smelter på varm mad som is.

150 ml/¼ pt/2/3 kop sødmælk
150 g/5 oz/2/3 kop hollandsk usaltet (sødt) smør

Hæld mælken i skålen. Skær i stykker smør. Varm afdækket på fuld i 2½ minut. Overfør forsigtigt til en blender og kør maskinen i 1 minut. Kom tilbage i den vaskede og tørrede skål, dæk til og stil på køl i 2-3 timer. Hæld buddingerne over eller pisk forsigtigt, hvis du foretrækker det.

Hollandsk blendercreme med smør og vanilje

Servering 4-6

Forbered som til Dutch Butter Blender Cream, men tilsæt 5 ml/1 tsk vaniljeessens (ekstrakt) til mælken og smørret i blenderen.

Varm Chokolade Sauce

Serverer 6

En gammel klassiker af is, sundaes og profiteroles.

25 g/1 oz/2 spsk smør
30 ml/2 spsk let blødt brun farin
30 ml/2 spsk kakaopulver (usødet chokolade)
30 ml/2 spsk gylden (lys) majssirup
30 ml/2 spsk enkelt (let) creme
5 ml/1 tsk vaniljeessens (ekstrakt)

Kom smørret i et 600 ml/1 stk/2½ kop fad. Smelt, afdækket, på fuld i 1 minut. Bland alle andre ingredienser grundigt. Kog uden låg ved optøning i 5 minutter, omrør hvert minut, indtil saucen er jævn og varm.

Mokka sauce

Serverer 6

Forbered som til varm chokoladesauce, men tilsæt 20 ml/4 tsk instant kaffepulver eller granulat før opvarmning.

Varm chokolade appelsinsauce

Serverer 6

Tilbered som til varm chokoladesauce, men tilsæt efter kogning 10 ml/2 tsk fintrevet appelsinskal.

Varm chokolade myntesauce

Serverer 6

Forbered som til varm chokolade sauce, men tilsæt et par dråber mynteessens (ekstrakt) efter kogning.

Hindbær Coulis

Serverer 6-8

En gennemskinnelig - næsten glasagtig - blændende rød sauce elsket af kokke for sin fantastiske effekt.

350 g/12 oz/3 kopper friske hindbær
45 ml/3 spsk pulveriseret sukker (meget fint)
15 ml/1 spsk majsmel (majsmel)
75 ml/5 spsk koldt vand
5 ml/1 tsk vaniljeessens (ekstrakt)
5 ml/1 tsk citronsaft

Skyl hindbærrene omhyggeligt, kom derefter i en foodprocessor eller blender og purér. Si gennem en finmasket sigte (si) for at fjerne frøene. Overfør til en skål med 900 ml/1½ pt/3¾ kopper sukker. Bland majsmel med vandet glat. Tilsæt til puré i en skål. Kog uden låg på fuld i 2½-3½ minutter, pisk hvert 30. sekund, indtil blandingen er tyk og klar og let boblende. Tilsæt vanilje og citronsaft og brug koldt.

Sommer frugtsauce

Serverer 6-8

Tilbered som Raspberry Coulis, men udskift hindbærene med en blanding af sommerfrugter.

Abrikoscoulis

Serverer 6-8

450 g/lb udstenede (frøfri) abrikoser
200 ml/7 fl oz/lille 1 kop koldt vand
60-75 ml/4-5 spsk pulveriseret sukker (meget fint)
15 ml/1 spsk majsmel (majsmel)
5 ml/1 tsk vaniljeessens (ekstrakt)
5 ml/1 tsk citronsaft

Kom abrikoserne i et fad med 60 ml/4 spsk vand. Dæk med husholdningsfilm (plastfolie) og skær op to gange for at lade damp slippe ud. Kog på fuld i 8-9 minutter, indtil frugten er blød. Overfør til en foodprocessor eller blender og purér med yderligere 60 ml/4 spsk vand. Overfør til en skål med 900 ml/1½ pt/3¾ kopper sukker. Bland majsmel i det resterende vand glat. Tilsæt til puré i en skål. Kog uden låg på fuld i 2½-3½ minutter, pisk hvert 30. sekund, indtil blandingen er tyk og klar og let boblende. Tilsæt vanilje og citronsaft og brug koldt.

Hjemmelavet karamelsauce

Serverer 4

50 g/2 oz/¼ kop mørkt blødt brun farin
30 ml/2 spsk koldt vand
15 ml/1 spsk kogende vand

Hæld sukker og koldt vand i en målekop eller skål. Kog uden låg på fuld i 2 minutter, indtil det koger, pas godt på for at sikre, at det ikke begynder at brænde. Fjern fra mikrobølgeovnen og rør kogende vand i. Bruges varm som is-topping eller til Crème Caramel.

Æggesauce

Servering 4-6

En gylden, glinsende sauce, der glæder slik som sommerfrugtskimmel, dampede buddinger, stuvet frugt og endda nips.

600 ml/1 stk/2½ kopper sødmælk eller halv mælk og halv enkelt (let) fløde

10 ml/2 tsk majsmel (majsmel)

15 ml/1 spsk koldt vand

4 store æg

45 ml/3 spsk pulveriseret sukker (meget fint)

5 ml/1 tsk vaniljeessens (ekstrakt)

Hæld mælken i et 1,25L/2¼pt/5½ kop målebæger, og opvarm afdækket på fuld i 2 minutter. Hæld melet i 1,25L/2¼pt/5½ kop skålen og bland indtil glat med vandet. Pisk æggene og tilsæt derefter sukkeret. Pisk indtil glat, og rør derefter gradvist den varme mælk i. Kog uden låg på fuld i 5-5½ minutter, pisk hvert minut, indtil saucen klæber til spatelen eller træskeen, der blev brugt til at piske. Tilsæt vaniljeessens.

Æggesauce med smag med fløde

Servering 4-6

Tilbered som til æggesaucen, men udskift vaniljeessensen med essensen (ekstrakten) af rom, sherry, mandel eller rose.

Citron- eller appelsincreme

Servering 4-6

Tilbered som til æggesaucen, men erstat vaniljeessensen med 10 ml/2 tsk fintrevet appelsin- eller citronskal.

Brandy sauce

Serverer 4

Traditionelt serveret på julebudding, også med hakket dej.

25 g/2 spsk smør eller margarine
30 ml/2 spsk almindeligt (all-purpose) mel
300 ml/½ pt/1¼ kop opvarmet mælk
25-30 ml/1½-2 spsk pulveriseret sukker (meget fint)
25-30 ml/1½-2 spsk brandy

Kom smør eller margarine i en 900 ml/1½ pt/3¾ kop skål. Smelt utildækket under optøning i 30-45 sekunder. Tilsæt mel. Kog på fuld i 30 sekunder. Bland gradvist med mælk. Kog uden låg på fuld i 4-5 minutter, pisk hvert minut, indtil den er tyk og glat. Tilsæt sukker og kog uden låg på fuld i 30 sekunder. Tilsæt brandy og server.

Rom sauce

Serverer 4

Forbered som til brandy sauce, men udskift brandy med rom.

Appelsinsauce

Serverer 4

En uhåndgribelig duftende sauce til enhver form for let dampet budding.

Tilbered som til brandy sauce, men tilsæt 5 ml/1 tsk fintrevet appelsinskal med mel og erstat brandy med 15 ml/1 spsk appelsinblomstvand.

klæbrig toffeesauce

Serverer 4

Det er en himmelsk sauce til alle slags isdesserter.

50 g/2 oz/¼ kop smør
40 g lyst, blødt brun farin
50 g skumfiduser
15 ml/1 spsk mælk

Placer alle ingredienser i en 1,75L/3pt/7½ kop skål (stor størrelse er nødvendig, da blandingen udvider sig, mens den koges). Smelt utildækket ved afrimning i 2 minutter. Bland grundigt. Opvarm på fuld i yderligere 2½ minut, omrør forsigtigt tre gange. Brug med det samme, da denne sauce sætter sig hurtigt.

Frisk hindbærsauce

Serverer 4

Frisk og velduftende, perfekt sommersauce til isdesserter baseret på nektariner eller ferskner og vaniljeis.

10 ml/2 tsk majsmel (majsmel)
150 ml/¼ pt/2/3 kop enkelt (let) creme
30 ml/2 spsk fint (meget fint) sukker
225 g/8 oz/2 kopper friske hindbær, skyllet grundigt

15 ml/1 spsk cherry brandy

Placer majsstivelsen i en 1,5 L/2½pt/6 kop skål og bland indtil glat med lidt fløde. Bland den resterende fløde med sukkeret og halvdelen af hindbærene. Kog uden låg på fuld i 4 minutter, omrør hvert minut. Tilsæt de resterende hindbær med kirsebærbrandy. Serveres varm.

Chokolade Honning Rosin Sauce

Serverer 6-8

Fantastisk over kaffeis eller appelsinsorbet.

50 g/2 oz/1/3 kop rosiner

15 ml/1 spsk kogende vand

100 g almindelig (halvsød) chokolade

25 g/1 oz/2 spsk smør

30 ml/2 spsk enkelt (let) creme

30 ml/2 spsk tyk honning

5 ml/1 tsk vaniljeessens (ekstrakt)

Udblød rosiner i kogende vand. Bræk chokoladen og læg den i en lille skål med smørret. Smelt uden låg ved afrimning i ca. 3½ minut. Tilsæt fløde, honning og vanilje. Opvarm, utildækket, på fuld tilstand i 30-40 sekunder. Dræn rosinerne og bland.

Broccoli med Supreme Cheese

Servering 4-6

450 g / 1 pund broccoli
60 ml/4 spiseskefulde vand
5 ml/1 tsk salt
150 ml/¼ pt/2/3 kop syrnet (mejeri)fløde
125 g/1 kop Cheddar- eller Jarlsbergost, revet
1 æg
5 ml/1 tsk mild sennep
2,5 ml/½ tsk paprika
1,5 ml/¼ tsk revet muskatnød

Vask broccolien, skær den i små buketter og læg den i et dybt fad 20 cm/8 i diameter med vand og salt. Dæk med husholdningsfilm (plastfolie) og skær op to gange for at lade damp slippe ud. Kog på fuld i 12 minutter. Si grundigt. Bland de resterende ingredienser og hæld broccolien over. Dæk med en tallerken og kog på fuld i 3 minutter. Stil til side i 2 minutter.

Guvech

Serverer 6-8

Livlig farverig og fuld af smag Bulgarsk ratatouille forhold. Serveres alene med ris, pasta eller polenta, eller som tilsætning til æg-, kød- og fjerkræretter.

450 g / 1 pund franske eller kenyanske bønner (grønne) top og hale
4 løg, meget tynde skiver
3 fed hvidløg, knust
60 ml/4 spsk olivenolie
6 peberfrugter (klokke) i forskellige farver, hakket og skåret i strimler
6 tomater, blancheret, flået og skåret i skiver
1 grøn chili, hakket og finthakket (valgfrit)
10-15 ml/2-3 teskefulde salt
15 ml/1 spsk fint (meget fint) sukker

Skær hver bønne i tre stykker. Læg løg og hvidløg i et 2,5 L/4½ pt/11 kop fad med olivenolie. Rør godt for at blande. Kog uden låg på fuld i 4 minutter. Bland alle andre ingredienser grundigt, inklusive bønnerne. Dæk med en tallerken og kog på fuld i 20 minutter under omrøring tre gange. Afdæk og kog på fuld i yderligere 8-10 minutter under omrøring fire gange, indtil det meste af væsken er fordampet. Server med det samme eller køl, dæk til og stil på køl, hvis det spises senere.

selleri ost med bacon

Serverer 4

6 skiver (skiver) magert bacon

350 g selleri i tern

30 ml/2 spsk kogende vand

30 ml/2 spsk smør eller margarine

30 ml/2 spsk almindeligt (all-purpose) mel

300 ml/½ pt/1¼ kop varm sødmælk

5 ml/1 tsk engelsk sennep

225 g/2 kopper cheddarost, revet

Salt og friskkværnet sort peber

Peber

Stegt (stegt) brød til servering

Læg baconen på en tallerken og dæk den med køkkenpapir. Kog på fuld i 4-4½ minutter, vend pladen én gang. Dræn fedtet, og hak derefter baconen groft. Kom sellerien i en separat gryde med kogende vand. Dæk med en tallerken og kog på fuld i 10 minutter, vend retten to gange. Si og behold væsken. Kom smørret i et fad på 1,5 L/2½pt/6 kop. Smelt utildækket ved afrimning i 1-1½ minut. Tilsæt mel og kog på fuld i 1 minut. Bland gradvist med mælk. Kog uden låg på fuld i 4-5 minutter, indtil glat, pisk hvert minut. Rør sellerivand, selleri, bacon, sennep og 2/3 af osten i. Krydr efter smag. Overfør blandingen til et rent fad. Drys den resterende ost ovenpå og drys med paprika. Varm afdækket på fuld i 2 minutter. Server med stegt brød.

Artiskokost med bacon

Serverer 4

Forbered som til Selleriost med Bacon, men udelad sellerien. Kom 350 g jordskok i en skål med 15 ml/1 spsk citronsaft og 90 ml/6 spsk kogende vand. Dæk med husholdningsfilm (plastfolie) og skær op to gange for at lade damp slippe ud. Kog på fuld i 12-14 minutter, indtil de er møre. Sigt, gem 45 ml/3 spsk vand. Tilsæt artiskokker og vand til sauce med sennep, bacon og ost.

Karelske kartofler

Serverer 4

En opskrift fra det østlige Finland på forårskartofler.

450 g nye kartofler, vaskede, men ikke skrællede
30 ml/2 spsk kogende vand
125 g/4 oz/½ kop smør, ved stuetemperatur
2 hårdkogte æg, hakket

Læg kartoflerne i en 900 ml/1½ pt/3¾ kop gryde med kogende vand. Dæk med en tallerken og kog på fuld i 11 minutter under omrøring to gange. Pisk imens smørret til en glat creme og bland æggene i. Dræn kartoflerne og tilsæt æggeblandingen, mens kartoflerne stadig er meget varme. Server med det samme.

Hollandsk kartoffel-Gouda-gryde med tomater

Serverer 4

En mættende og varmende vegetargryde, der kan serveres med kogte grønne grøntsager eller en sprød salat.

750 g kogte kartofler, skåret i tykke skiver
3 store tomater, blancheret, flået og skåret i tynde skiver
1 stort rødløg, groft revet
30 ml/2 spsk finthakket persille
175 g/1½ kop Gouda ost, revet
Salt og friskkværnet sort peber
30 ml/2 spsk majsmel (majsmel)
30 ml/2 spsk kold mælk
150 ml/¼ pt/2/3 kop varmt vand eller grøntsagsfond
Peber

Fyld en smurt 1,5 L/2½/6 kop skål med skiftevis lag kartofler, tomater, løg, persille og 2/3 af osten, drys salt og peber mellem lagene. Bland majsmelet i den kolde mælk, indtil det er glat, og pisk derefter gradvist det varme vand eller bouillon i. Hæld siden af fadet ud. Drys den resterende ost ovenpå og drys med paprika. Dæk med køkkenpapir og varm på Fuld i 12-15 minutter. Stil til side i 5 minutter før servering.

Smør luftige søde kartofler med fløde

Serverer 4

450 g lyserøde, gulkødede søde kartofler (ikke yams), skrællet og skåret i tern

60 ml/4 spiseskefulde kogende vand

45 ml/3 spsk smør eller margarine

60 ml/4 spsk flødeskum, opvarmet

Salt og friskkværnet sort peber

Læg kartoflerne i en beholder på 1,25 liter/2¼ pt/5½ kop. Tilsæt vand. Dæk med husholdningsfilm (plastfolie) og skær op to gange for at lade damp slippe ud. Kog på fuld i 10 minutter, vend gryden tre gange. Lad stå i 3 minutter. Dræn og knus fint. Pisk smør og fløde grundigt. Krydr godt efter smag. Overfør til et serveringsfad, dæk med en tallerken og varm på fuld i 1½ - 2 minutter.

Maitre d'Hôtel søde kartofler

Serverer 4

450 g lyserøde, gulkødede søde kartofler (ikke yams), skrællet og skåret i tern
60 ml/4 spiseskefulde kogende vand
45 ml/3 spsk smør eller margarine
45 ml/3 spsk hakket persille

Læg kartoflerne i en beholder på 1,25 liter/2¼ pt/5½ kop. Tilsæt vand. Dæk med husholdningsfilm (plastfolie) og skær op to gange for at lade damp slippe ud. Kog på fuld i 10 minutter, vend gryden tre gange. Lad stå i 3 minutter, dræn. Tilsæt smør og overtræk til kartoflerne, og drys derefter med persille.

Kartofler i fløde

Servering 4-6

Kartofler kogt i mikrobølgeovnen bevarer deres smag og farve og har en fantastisk tekstur. Deres næringsstoffer bevares, fordi mængden af vand, der bruges til madlavning, er minimal. Der spares brændstof, og der er ingen pander at gøre rent – du kan endda koge kartofler i dit eget serveringsfad. Skræl kartoflerne så tyndt som muligt for at bevare vitaminerne.

900 g skrællede kartofler, skåret i stykker
90 ml/6 spsk kogende vand

30–60 ml/2–4 spsk smør eller margarine

90 ml/6 spsk varm mælk

Salt og friskkværnet sort peber

Læg kartoffelstykkerne i 1,75L/3pt/7½ kopper vand. Dæk med husholdningsfilm (plastfolie) og skær op to gange for at lade damp slippe ud. Kog på fuld i 15-16 minutter, vend gryden fire gange, indtil den er mør. Dræn evt., ælt derefter fint, pisk skiftevis smør eller margarine og mælk. Sæson. Når den er let og luftig, ru med en gaffel og genopvarm uden låg på fuld i 2-2½ minut.

Cremede kartofler med persille

Servering 4-6

Tilbered som til cremekartofler, men bland 45-60 ml/3-4 spsk hakket persille med krydderier. Opvarm i yderligere 30 sekunder.

Cremede kartofler med ost

Servering 4-6

Tilbered som flødekartofler, men tilsæt 125 g/1 kop revet hård ost med krydderier. Varm op i yderligere 1½ minut.

Ungarske kartofler med paprika

Serverer 4

50 g/2 oz/¼ kop margarine eller svinefedt

1 stort løg, finthakket

750 g kartofler skåret i små stykker

45 ml/3 spsk tørrede paprikaflager

10 ml/2 tsk paprika

5 ml/1 tsk salt

300 ml/½ pt/1¼ kop kogende vand

60 ml/4 spsk creme fraiche

Kom margarinen eller svinefedtet i et fad på 1,75 L/3pt/7½ kop. Kog uden låg på fuld i 2 minutter, indtil det syder. Tilsæt løget. Kog uden låg på fuld i 2 minutter. Tilsæt kartofler, peberflager, paprika, salt og kogende vand. Dæk med husholdningsfilm (plastfolie) og skær op to gange for at lade damp slippe ud. Kog på fuld i 20 minutter, vend gryden fire gange. Stil til side i 5 minutter. Hæld på opvarmede tallerkener og drys 15 ml/1 spsk creme fraiche på hver.

Dauphine kartofler

Serverer 6

Gratin dauphinoise - en af de fineste franske retter og en oplevelse at nyde. Server med en bladsalat eller ristede tomater, eller som tilbehør til kød, fjerkræ, fisk og æg.

900 g voksagtige kartofler, skåret i meget tynde skiver

1-2 fed hvidløg, knust

75 ml/5 spiseskefulde smeltet smør eller margarine

175 g/6 oz/1½ kop Emmental eller Gruyère (schweizer) ost

Salt og friskkværnet sort peber

300 ml/½ pt/1¼ kop sødmælk

Peber

For at blødgøre kartoflerne, læg dem i en stor skål og hæld kogende vand over dem. Lad stå i 10 minutter, og si derefter. Kombiner hvidløg med smør eller margarine. Smør et dybt fad med en diameter på 25 cm/10. Start og slut med kartoflerne, fyld retten med skiftevis lag kartoffelskiver, 2/3 af osten og 2/3 af smørblandingen, og drys salt og peber mellem lagene. Hæld forsigtigt mælken ned langs fadets sider, og drys derefter med den resterende ost og hvidløgssmør. Drys med paprika. Dæk med husholdningsfilm (plastfolie) og skær op to gange for at lade damp slippe ud. Kog på fuld i 20 minutter, vend gryden fire gange. Kartoflerne skal være lidt al dente, ligesom pasta, men hvis du foretrækker dem blødere, koges på fuld i yderligere 3-5 minutter. Lad stå i 5 minutter, afdæk derefter og server.

Savoy kartofler

Serverer 6

Forbered som til Dauphine Kartofler, men udskift mælk med bouillon eller halv hvidvin og halv bouillon.

Slotskartofler

Serverer 6

Forbered som til Dauphine Kartofler, men udskift mælk med medium cider.

Kartofler i mandel-smørsauce

Servering 4-5

450 g nye kartofler, skrællede og skrubbede
30 ml/2 spsk vand
75 g/3 oz/1/3 kop usaltet (sødt) smør
75 g / 3 oz / ¾ kop flager (skåret) mandler, ristede og knuste
15 ml/1 spsk frisk limesaft

Læg kartoflerne i en 1,5 l/2½ pt/6 kop gryde vand. Dæk med husholdningsfilm (plastfolie) og skær op to gange for at lade damp slippe ud. Kog på fuld i 11-12 minutter, indtil de er møre. Sæt til side for at forberede saucen. Kom smørret i målebægeret og smelt uden låg ved afrimning i 2-2½ minut. Tilsæt resten af ingredienserne. Rør de afdryppede kartofler i og server.

Tomater med sennep og lime

Serverer 4

Den friske krydrethed gør tomater tiltalende som tilbehør til lam og fjerkræ, samt laks og makrel.

4 store tomater, halveret vandret
Salt og friskkværnet sort peber
5 ml/1 tsk fintrevet limeskal
30 ml/2 spsk fuldkornssennep
Saft af 1 lime

Arranger tomaterne i en cirkel, skær dem med siden opad, rund kanten af en stor tallerken. Drys med salt og peber. Bland de resterende ingredienser grundigt og fordel over tomaterne. Kog uden låg på fuld i 6 minutter, vend pladen tre gange. Stil til side i 1 minut.

Stuvet agurk

Serverer 4

1 agurk, skrællet
30 ml/2 spsk smør eller margarine ved kogetemperatur
2,5-5 ml/½-1 tsk salt
30 ml/2 spsk finthakket persille eller koriander (koriander)

Skær agurken meget tynde, lad den stå i 30 minutter, og pres den derefter tør i et rent køkkenrulle (karklud). Kom smør eller margarine i et fad på 1,25 l/2¼pt/5½ kop og smelt uden låg ved optøning i 1-1½ minut. Bland agurk og salt, vend forsigtigt, indtil det er godt dækket med smør. Dæk med en tallerken og kog på fuld i 6 minutter, omrør to gange. Afdæk og bland med persille eller koriander.

Stuvet agurk fra Pernod

Serverer 4

Forbered som til stuvet agurk, men tilsæt 15 ml/1 spsk agurkepernod.

Espagnole marv

Serverer 4

Sommertilskud til fjerkræ og fisk.

15 ml/1 spsk olivenolie
1 stort løg, pillet og hakket
3 store tomater, blancheret, flået og skåret i skiver
450 g/lb marv (squash), skrællet og skåret i tern
15 ml/1 spsk hakket merian eller oregano
5 ml/1 tsk salt
Friskkværnet sort peber

Opvarm olien i en 1,75L/3pt/7½ kop gryde, uden låg, på fuld i 1 minut. Tilsæt løg og tomater. Dæk med en tallerken og kog på fuld i 3 minutter. Bland alle de øvrige ingredienser, tilsæt peber efter smag. Dæk med en tallerken og kog på Fuld i 8-9 minutter, indtil marven er mør. Lad stå i 3 minutter.

gryde med zucchini og tomater

Serverer 4

3 tomater, blancheret, flået og groft hakket
4 courgetter (zucchini), skåret på toppen, hale og skåret i tynde skiver
1 løg, hakket
15 ml/1 spsk malt- eller riseddike
30 ml/2 spsk hakket persille
1 fed hvidløg, knust
Salt og friskkværnet sort peber
75 ml/5 spsk Cheddar- eller emmentalerost, revet

Kom tomater, zucchini, løg, eddike, persille og hvidløg i et 20 cm/8 cm dybt fad. Smag til og bland godt. Dæk med husholdningsfilm (plastfolie) og skær op to gange for at lade damp slippe ud. Kog på fuld i 15 minutter, vend gryden tre gange. Afdæk og drys med ost. Enten brunes konventionelt under grillen (slagtekyllinger), eller for at spare tid skal du vende tilbage til mikrobølgeovnen og genopvarme på fuld i 1-2 minutter, indtil osten bobler og smelter.

Courgetter med enebær

Servering 4-5

8 enebær
30 ml/2 spsk smør eller margarine
450 g zucchini zucchini, toppet med en hale og skåret i tynde skiver
2,5 ml/½ teskefuld salt
30 ml/2 spsk finthakket persille

Knus enebærene let med toppen af en træske. Kom smørret eller margarinen i et dybt fad med en diameter på 20 cm/8. Smelt utildækket ved afrimning i 1-1½ minut. Bland enebær, zucchini og salt og fordel i et jævnt lag, så det dækker bunden af fadet. Dæk med husholdningsfilm (plastfolie) og skær op to gange for at lade damp slippe ud. Kog på fuld i 10 minutter, vend gryden fire gange. Stil til side i 2 minutter. Afdæk og drys med persille.

Kinesiske smørblade fra Pernod

Serverer 4

En krydsning mellem tekstur og smag af coleslaw og hård salat, kinesiske blade giver en meget flot kogt grøntsag og forstærkes kraftigt af tilsætningen af Pernod, som tilføjer et delikat og subtilt strejf af anis.

675 g / 1½ lb. kinesiske blade, hakket
50 g/2 oz/¼ kop smør eller margarine
15 ml/1 spsk Pernod
2,5-5 ml/½-1 tsk salt

Læg de hakkede blade i et fad på 2L/3½ pt/8½ kop. Smelt smør eller margarine i en separat skål ved optøning i 2 minutter. Tilsæt til kål med pernod og salt og bland forsigtigt. Dæk med en tallerken og kog på fuld i 12 minutter, omrør to gange. Stil til side i 5 minutter før servering.

Kinesiske bønnespirer

Serverer 4

450 g friske bønnespirer
10 ml/2 tsk mørk sojasovs
5 ml/1 tsk Worcestershire sauce
5 ml/1 tsk løgsalt

Bland alle ingredienser sammen i en stor skål. Overfør til et dybt ovnfast fad med en diameter på 20 cm/8 (hollandsk ovn). Dæk med en tallerken og kog på fuld i 5 minutter. Lad stå i 2 minutter, rør rundt og server.

Gulerødder med appelsin

Servering 4-6

50 g/2 oz/¼ kop smør eller margarine

450 g/1 1/2 gulerod, revet

1 løg, revet

15 ml/1 spsk frisk appelsinjuice

5 ml/1 tsk fintrevet appelsinskal

5 ml/1 tsk salt

Kom smørret eller margarinen i et dybt fad med en diameter på 20 cm/8. Smelt utildækket ved afrimning i 1½ minut. Tilsæt alle andre ingredienser og bland grundigt. Dæk med husholdningsfilm (plastfolie) og skær op to gange for at lade damp slippe ud. Kog på fuld i 15 minutter, vend gryden to gange. Lad stå 2-3 minutter før servering.

Braiseret cikorie

Serverer 4

En usædvanlig grøntsagsforretter med en let smag af asparges.
Server med ægge- og fjerkræretter.

4 cikoriehoveder (belgisk cikorie)
30 ml/2 spsk smør eller margarine
1 grøntsagsbouillonterning
15 ml/1 spsk kogende vand
2,5 ml/½ teskefuld løgsalt
30 ml/2 spsk citronsaft

Trim cikorie, kassér eventuelle forslåede eller beskadigede ydre blade. Fjern den kegleformede kerne fra bunden af hver for at reducere bitterheden. Skær cikorie i 1,5 cm/½ tykke skiver og anbring i et 1,25 L/2¼ pt/5½ kop ovnfast fad (hollandsk ovn). Smelt smør eller margarine separat ved optøning i 1½ minut. Hæld cikorie over. Kom bouillonterningen i kogende vand, tilsæt salt og citronsaft. Hæld cikorie over. Dæk med husholdningsfilm (plastfolie) og skær op to gange for at lade damp slippe ud. Kog på fuld i 9 minutter, vend gryden tre gange. Lad stå 1 minut før servering med saft fra fadet.

Stuvede gulerødder med lime

Serverer 4

Gulerodsfad med en intens orange farve, beregnet til kødgryderetter og vildt.

450 g gulerødder, skåret i tynde skiver
60 ml/4 spiseskefulde kogt vand
30 ml/2 spsk smør
1,5 ml/¼ teskefuld gurkemeje
5 ml/1 tsk fintrevet limeskal

Læg gulerødderne i en 1,25L/2¼pt/5½ kopper gryde med kogende vand. Dæk med husholdningsfilm (plastfolie) og skær op to gange for at lade damp slippe ud. Kog på fuld i 9 minutter, vend gryden tre gange. Stil til side i 2 minutter. Udstrømning. Smid straks smør, gurkemeje og limeskal i. Spis med det samme.

Fennikel i Sherry

Serverer 4

900 g fennikel
50 g/2 oz/¼ kop smør eller margarine
2,5 ml/½ teskefuld salt
7,5 ml/1½ tsk fransk sennep
30 ml/2 spsk medium tør sherry
2,5 ml/½ tsk tørret eller 5 ml/1 tsk hakket frisk estragon

Vask og tør dilden. Fjern eventuelle brune områder, men lad på "fingrene" og grønne blade. Smelt smør eller margarine uden låg ved optøning i 1½ -2 minutter. Pisk forsigtigt resten af ingredienserne. Del hvert dildhoved i kvarte og læg i et dybt fad med en diameter på 25 cm/10. Pensl med smørblandingen. Dæk med en tallerken og kog på fuld i 20 minutter, vend retten fire gange. Lad stå 7 minutter før servering.

Porrer stuvet i vin med skinke

Serverer 4

5 smalle porrer, i alt omkring 450g/1lb
30 ml/2 spsk smør eller margarine ved kogetemperatur
225 g/8 oz/2 kopper kogt skinke, hakket
60 ml/4 spsk rødvin
Salt og friskkværnet sort peber

Skær slyngeenderne af porerne af, og klip derefter alle på nær 10 cm/4 tomme af den grønne "nederdel". Skær forsigtigt porrerne i halve på langs, næsten til toppen. Vask grundigt mellem bladene under koldt rindende vand for at fjerne eventuel jord eller sand. Kom smør eller margarine i et 25 x 20 cm/10 x 8 tommer fad. Smelt ved afrimning i 1-1½ minut, og pensl derefter bunden og siderne. Arranger porrerne i et enkelt lag i bunden. Drys med skinke og vin og krydr. Dæk med husholdningsfilm (plastfolie) og skær op to gange for at lade damp slippe ud. Kog på fuld i 15 minutter, vend gryden to gange. Stil til side i 5 minutter.

Bagte Porrer

Serverer 4

5 smalle porrer, i alt omkring 450g/1lb
30 ml/2 spsk smør eller margarine
60 ml/4 spsk grøntsagsbouillon
Salt og friskkværnet sort peber

Skær slyngeenderne af porerne af, og klip derefter alle på nær 10 cm/4 tomme af den grønne "nederdel". Skær forsigtigt porrerne i halve på langs, næsten til toppen. Vask grundigt mellem bladene under koldt rindende vand for at fjerne eventuel jord eller sand. Skær i 1,5 cm/½ tykke skiver. Læg i et 1,75L/3pt/7½ kop ovnfast fad (hollandsk ovn). Smelt smør eller margarine i en separat skål ved optøning i 1½ minut. Tilsæt bouillon og smag godt til. En ske over porrerne. Dæk med en tallerken og kog på fuld i 10 minutter under omrøring to gange.

Bagt selleri

Serverer 4

Forbered som til porregratin, men udskift porrerne med 450 g/lb vasket selleri. Hvis du vil, tilsæt et lille hakket løg og steg i yderligere 1½ minut.

Peberfrugt fyldt med kød

Serverer 4

4 grønne peberfrugter
30 ml/2 spsk smør eller margarine
1 løg, finthakket
225 g/8 oz/2 kop magert malet (hakket) oksekød
30 ml/2 spsk langkornet ris
5 ml/1 tsk tørrede urteblandinger
5 ml/1 tsk salt
120 ml/4 oz/¼ kop varmt vand

Skær toppen af peberfrugten af og stil til side. Kassér de indre fibre og frø fra hver peberfrugt. Klip en tynd strimmel fra hver bund, så de står oprejst uden at vælte. Kom smør eller margarine i gryden og varm på Fuld i 1 minut. Tilsæt løget. Kog uden låg på fuld i 3 minutter. Rør kødet i, bræk det op med en gaffel. Kog uden låg på fuld i 3 minutter. Tilsæt ris, krydderurter, salt og 60 ml/4 spsk vand. Hæld blandingen i peberfrugterne. Arranger oprejst og tæt sammen i en ren dyb tallerken. Sæt lågene på igen og hæld resten af vandet i fadet omkring peberfrugterne til saucen. Dæk med husholdningsfilm (plastfolie) og skær op to gange for at lade damp slippe ud. Kog på fuld i 15 minutter, vend gryden to gange. Stil til side i 10 minutter før servering.

Peberfrugt fyldt med kød med tomat

Serverer 4

Forbered som til peberfrugt fyldt med kød, men erstat vandet med tomatjuice sødet med 10 ml/2 tsk flormelis.

Fyldte peberfrugter kalkun med citron og timian

Serverer 4

Tilbered som peberfrugt fyldt med kød, men erstat oksekødet med hakket (hakket) kalkun og en blanding af urter 2,5 ml/½ tsk timian. Tilsæt 5 ml/1 tsk fintrevet citronskal.

Polske flødesvampe

Serverer 6

Almindelig i Polen og Rusland, hvor svampe indtager en fremtrædende plads på hvert bord. Spis med nye kartofler og kogte æg.

30 ml/2 spsk smør eller margarine
450 g / 1 pund svampe
30 ml/2 spsk majsmel (majsmel)
30 ml/2 spsk koldt vand
300 ml/½ pt/1¼ kop fløde (mejeri creme fraiche)
10 ml/2 tsk salt

Kom smør eller margarine i en 2,25 L/4 stk/10 kop dyb tallerken. Smelt utildækket ved afrimning i 1½ minut. Bland svampene. Dæk med en tallerken og kog på fuld i 5 minutter, omrør to gange. Bland majsmelet med vandet til det er glat og tilsæt fløden. Bland forsigtigt med svampe. Dæk som før og kog på fuld i 7-8 minutter under omrøring tre gange, indtil tyk og cremet. Tilsæt salt og spis med det samme.

Pebersvampe

serverer 6

Forbered som til polske svampe, men før smeltning tilsættes 1 knust fed hvidløg til smørret eller margarinen. Bland 15 ml/1 spsk af hver tomatpuré (pasta) og peberfrugt med svampe. Server med lidt pasta.

Svampe med karry

serverer 6

Forbered som for svampe i polsk stil, men før smeltning tilsættes 15-30 ml/1-2 spsk mild karrypasta og et knust fed hvidløg til smørret eller margarinen. Erstat creme fraiche med tyk naturelyoghurt og tilsæt 10 ml/2 tsk fint sukker med salt. Server med ris.

Dhal linser

Serverer 6-7

Særpræget orientalsk med rødder i Indien, denne linsedhal er elskværdigt krydret med utallige krydderier og kan serveres som tilbehør til en karry eller alene med ris til et nærende og komplet måltid.

50 g/2 oz/¼ kop ghee, smør eller margarine

4 løg, hakket

1-2 fed hvidløg, knust

225 g/8 oz/1 1/3 kop orange linser, grundigt skyllet

5 ml/1 tsk gurkemeje

5 ml/1 tsk paprika

2,5 ml/½ teskefuld malet ingefær

20 ml/4 tsk garam masala

1,5 ml/¼ teskefuld cayennepeber

Frø fra 4 grønne kardemommebælge

15 ml/1 spsk tomatpuré (pasta)

750 ml/1¼ pts/3 kopper kogende vand

7,5 ml/1½ tsk salt

Hakket koriander (koriander) blade, til pynt

Læg ghee, smør eller margarine i et 1,75L/3pt/7½ kop ovnfast fad (hollandsk ovn). Varm, utildækket, på fuld i 1 minut. Tilsæt løg og hvidløg. Dæk med en tallerken og kog på fuld i 3 minutter. Bland alle andre ingredienser. Dæk med en tallerken og kog på fuld i 15 minutter under omrøring fire gange. Lad stå i 3 minutter. Hvis den er for tyk til din smag, så spæd den op med lidt kogende vand. Pynt med koriander og skyl med en gaffel inden servering.

Dhal med løg og tomater

Serverer 6-7

3 løg

50 g/2 oz/¼ kop ghee, smør eller margarine

1-2 fed hvidløg, knust

225 g/8 oz/1 1/3 kop orange linser, grundigt skyllet

3 tomater, blancheret, flået og skåret i skiver

5 ml/1 tsk gurkemeje

5 ml/1 tsk paprika

2,5 ml/½ teskefuld malet ingefær

20 ml/4 tsk garam masala

1,5 ml/¼ teskefuld cayennepeber

Frø fra 4 grønne kardemommebælge

15 ml/1 spsk tomatpuré (pasta)

750 ml/1¼ pts/3 kopper kogende vand

7,5 ml/1½ tsk salt

1 stort løg skåret i tynde skiver

10 ml/2 tsk solsikke- eller majsolie

Skær 1 løg i tynde skiver og hak resten. Læg ghee, smør eller margarine i et 1,75L/3pt/7½ kop ovnfast fad (hollandsk ovn). Varm, utildækket, på fuld i 1 minut. Bland hakket løg og hvidløg. Dæk med en tallerken og kog på fuld i 3 minutter. Bland alle andre ingredienser. Dæk med en tallerken og kog på fuld i 15 minutter under omrøring fire gange. Lad stå i 3 minutter. Hvis den er for tyk til din smag, så spæd den op med lidt kogende vand. Del det snittede løg i ringe og steg (steg) konventionelt i olie, indtil det er let gyldent og sprødt. Før servering pyntet med løgringe, fluffes dahlen med en gaffel. (Alternativt kan du springe det hakkede løg over og pynt med færdigstegte løg, der fås i supermarkeder i stedet.)

Madras grøntsager

Serverer 4

25 g/1 oz/2 spsk ghee eller 15 ml/1 spsk jordnøddeolie

1 løg, pillet og hakket

1 porre, pillet og hakket

2 fed hvidløg, knust

15 ml/1 spsk varmt karrypulver

5 ml/1 tsk stødt spidskommen

5 ml/1 tsk garam masala

2,5 ml/½ teskefuld gurkemeje

Saft af 1 lille citron

150 ml/¼ pt/2/3 kop grøntsagsfond

30 ml/2 spsk tomatpuré (pasta)
30 ml/2 spsk ristede cashewnødder
450 g blandede kogte rodfrugter i tern
175 g/6 oz/¾ kop brune ris, kogte
Pops til servering

Anbring ghee eller olie i en 2,5L/4½pt/11 kop beholder. Varm, utildækket, på fuld i 1 minut. Tilsæt løg, porre og hvidløg og bland grundigt. Kog uden låg på fuld i 3 minutter. Tilsæt karry, spidskommen, garam masala, gurkemeje og citronsaft. Kog uden låg på fuld i 3 minutter, omrør to gange. Tilsæt bouillon, tomatpuré og cashewnødder. Dæk med en opadvendt tallerken og kog på fuld i 5 minutter. Tilføj grøntsager. Dæk som før og kog på fuld i 4 minutter. Server med brune ris og popadoms.

Blandet grøntsagskarry

Serverer 6

1,6 kg / 3½ lb. blandede grøntsager, såsom rød eller grøn peberfrugt; zucchini (zucchini); skrællede auberginer (auberginer); gulerod; kartofler; rosenkål eller broccoli; løg; porer

30 ml/2 spsk jordnødde- eller majsolie

2 fed hvidløg, knust

60 ml/4 spsk tomatpuré (pasta)

45 ml/3 spsk garam masala

30 ml/2 spsk mildt, medium eller varmt karrypulver

5 ml/1 tsk malet koriander (koriander)

5 ml/1 tsk stødt spidskommen

15 ml/1 spsk salt

1 stort laurbærblad

400 g/14 oz/1 stor dåse hakkede tomater

15 ml/1 spsk fint (meget fint) sukker

150 ml/¼ pt/2/3 kop kogende vand

250 g / 9 oz / generøs 1 kop kogt basmati eller langkornet ris

Tyk naturel yoghurt til servering

Forbered alle grøntsager efter type. Skær i små tern eller skiver, hvis det ønskes. Placer i en 2,75 liter/5 pt/12 kop dyb tallerken. Bland alle andre ingredienser undtagen kogende vand og ris. Dæk med en stor tallerken og kog på fuld i 25-30 minutter under omrøring fire gange, indtil grøntsagerne er møre, men stadig faste. Fjern laurbærblad, blend i vand og smag til – karry kan have brug for ekstra salt. Server med ris og en skål tyk naturel yoghurt.

Middelhavssalat i gelé

Serverer 6

300 ml/½ pt/1¼ kop kold grøntsagsfond eller grøntsags-kogevand

15 ml/1 spsk gelatinepulver

45 ml/3 spsk tomatjuice

45 ml/3 spsk rødvin

1 grøn peberfrugt (klokke), hakket og skåret i strimler

2 tomater, blancheret, flået og skåret i skiver

30 ml/2 spsk drænede kapers

50 g / 2 oz / ¼ kop hakkede cornichoner (agurker)

12 fyldte oliven, skåret i skiver

10 ml/2 tsk ansjossauce

Hæld 45 ml/3 spsk bouillon eller grøntsagsvand i en skål. Tilsæt gelatine. Stil til side i 5 minutter for at blive blød. Smelt utildækket ved afrimning i 2-2½ minut. Bland den resterende bouillon med tomatjuice og vin. Dæk til, når det er afkølet, og stil det derefter på køl, indtil det begynder at tykne og sætte sig. Kom peberstrimlerne i en skål og hæld kogende vand over. Lad stå i 5 minutter for at blive blød, og sigt derefter. Til en tyk gelé blandes tomater og peberstrimler med de resterende ingredienser. Hæld i 1,25L/2¼pt/5½ kopper fugtet geléform eller skål. Dæk til og stil på køl i flere timer, indtil den er fast. For at servere skal du dyppe en form eller skål i en skål med varmt vand for at løsne og derefter køre en varm våd kniv over siderne. Vend på en fugtet tallerken inden servering. (Fugtning forhindrer geléen i at klæbe.)

Græsk salat i gelé

Serverer 6

Lav en geléet middelhavssalat, men udelad kapers og cornichoner (agurker). Tilsæt 125 g/1 kop fetaost, fint hakket, og 1 lille hakket løg. Erstatning af fyldte sorte udstenede oliven (udstenede).

Russisk salat i gelé

Serverer 6

Forbered som til middelhavsgelesalat, men erstat tomatjuice og vin med 90 ml/6 spsk mayonnaise og tomater og peberfrugter med 225 g/8 oz/2 kop i tern gulerødder og kartofler. Tilsæt 30 ml/2 spsk kogte ærter.

Kohlrabisalat med sennepsmayonnaise

Serverer 6

Kohlrabi 900 g/2 lb
75 ml/5 spiseskefulde kogende vand
5 ml/1 tsk salt
10 ml/2 tsk citronsaft
60-120 ml/4-6 spsk tyk mayonnaise
10-20 ml/2-4 tsk fuldkornssennep
Skivede radiser, til pynt

Skræl kålrabien groft, vask godt og skær den i otte stykker. Anbring i en 1,25L/3pt/7½ kopper beholder med vand, salt og citronsaft.

Dæk med husholdningsfilm (plastfolie) og skær op to gange for at lade damp slippe ud. Kog på fuld i 10-15 minutter, vend gryden tre gange, indtil den er mør. Dræn og skær eller tern og kom i en skål. Bland mayonnaise og sennep og smid kålrabi i denne blanding, indtil stykkerne er grundigt belagt. Overfør til et serveringsfad og pynt med radiseskiver.

Rødbede-, selleri- og æblekopper

Serverer 6

60 ml/4 spsk koldt vand

15 ml/1 spsk gelatinepulver

225 ml/8 fl oz/1 kop æblejuice

30 ml/2 spsk hindbæreddike

5 ml/1 tsk salt

225 g kogte (ikke syltede) rødbeder (røde), groft revet

1 spiseligt (dessert) æble, skrællet og groft revet

1 stilk selleri, skåret i tynde tændstik

1 lille løg, hakket

Hæld 45 ml/3 spsk koldt vand i en lille skål og tilsæt gelatinen. Stil til side i 5 minutter for at blive blød. Smelt utildækket ved afrimning i 2-2½ minut. I det resterende kolde vand blandes med æblejuice, eddike og salt. Dæk til, når det er afkølet, og stil det derefter på køl, indtil det begynder at tykne og sætte sig. Tilsæt rødbeder, æble, selleri og løg til den delvist hærdede gelé og bland forsigtigt, indtil det er grundigt blandet. Hæld i seks små fugtede kopper, dæk til og stil på køl, indtil de er faste og stivnede. Vises på individuelle plader.

Mock Waldorf krus

Serverer 6

Forbered som til rødbeder, selleri og æble, men tilsæt 30 ml/2 spsk hakkede valnødder med grøntsager og æble.

sellerisalat med hvidløg, mayonnaise og pistacienødder

Serverer 6

900 g selleri (sellerirod)

300 ml/½ pt/1¼ kop koldt vand

15 ml/1 spsk citronsaft

7,5 ml/1½ tsk salt

1 fed hvidløg, knust

45 ml/3 spsk grofthakkede pistacienødder

60-120 ml/4-8 spiseskefulde tyk mayonnaise

Radicchio blade og hele pistacienødder til pynt

Skræl sellerien, vask den godt og skær den i otte stykker. Læg i en 2,25 liter/4 stk/10 kopper beholder med vand, citronsaft og salt. Dæk med husholdningsfilm (plastfolie) og skær op to gange for at lade damp slippe ud. Kog på fuld i 20 minutter, vend gryden fire gange. Dræn, skær og kom i en skål. Tilsæt hvidløg og hakkede pistacienødder. Mens det stadig er varmt, blandes det med mayonnaisen, indtil selleristykkerne er helt dækket. Overfør til et serveringsfad. Pynt med radicchioblade og pistacienødder, stadig lidt lune, hvis det er muligt, inden servering.

Kontinental selleri salat

Serverer 4

Kombinationen af fremragende og komplementære smage gør dette til en passende festlig salat til at ledsage kold kalkun og skinke.

750 g selleri (sellerirod)

75 ml/5 spiseskefulde kogende vand

5 ml/1 tsk salt

10 ml/2 tsk citronsaft

Til dressingen:

30 ml/2 spsk majs- eller solsikkeolie

15 ml/1 spiseskefuld malt- eller æblecidereddike

15 ml/1 spsk sennep

2,5-5 ml/½-1 tsk spidskommen

1,5 ml/¼ teskefuld salt

5 ml/1 tsk fint sukker

Friskkværnet sort peber

Skræl sellerien groft og skær den i små tern. Anbring i en 1,75 liter/3 pt/7½ kop beholder. Tilsæt kogende vand, salt og citronsaft. Dæk med husholdningsfilm (plastfolie) og skær op to gange for at lade damp slippe ud. Kog på fuld i 10-15 minutter, vend gryden tre gange, indtil den er mør. Udstrømning. Pisk alle de øvrige ingredienser grundigt. Tilsæt til varm selleri og vend grundigt. Dæk til og stil til afkøling. Server ved stuetemperatur.

Sellerisalat med bacon

Serverer 4

Tilbered som til Continental selleri salat, men tilsæt 4 skive(r) bacon, sprødstegt (bagt) og smuldret, samtidig med dressingen.

Artiskoksalat med peberfrugt og æg i varm sauce

Serverer 6

400 g/14 oz/1 store dåse artiskokhjerter, drænet

400 g/14 oz/1 stor dåse røde pimientos, drænet

10 ml/2 tsk rødvinseddike

60 ml/4 spiseskefulde citronsaft

125 ml/4 oz/½ kop olivenolie

1 fed hvidløg, knust

5 ml/1 tsk kontinental sennep

5 ml/1 tsk salt

5 ml/1 tsk fint sukker

4 store hårdkogte (hårdkogte) æg, pillet og revet

225 g/2 kop fetaost, i tern

Skær artiskokkerne i halve og skær pimientos i strimler. Stak en stor tallerken skiftevis, så der efterlades en fordybning i midten. Tilsæt eddike, citronsaft, olie, hvidløg, sennep, salt og sukker i en lille skål. Varm, utildækket, på fuld i 1 minut, pisk to gange. Læg æg og ost i en bunke i midten af salaten og dryp den varme dressing let henover.

Fyld med salvie og løg

225-275 g/8-10 oz/1 1/3-1 2/3 kop

Til svinekød.

25 g/2 spsk smør eller margarine

2 løg, forkogte (se tabel s. 45), hakket

125 g/4 oz/2 kop hvide eller brune brødkrummer

5 ml/1 tsk tørret salvie

Lidt vand eller mælk

Salt og friskkværnet sort peber

Kom smør eller margarine i en 1 liter/1¾ del/4¼ kop beholder. Varm, utildækket, på fuld i 1 minut. Tilsæt løget. Kog uden låg på fuld i 3 minutter, omrør hvert minut. Bland brødkrummer og salvie og nok vand eller mælk til at binde til en smuldrende konsistens. Krydr efter smag. Brug koldt.

Selleri og pesto fyld

225-275 g/8-10 oz/11/3-12/3 kop

Til fisk og fjerkræ.

Tilbered som til salvie- og løgfarsen, men skift løget ud med 2 finthakkede selleristængler. Tilsæt 10 ml/2 tsk grøn pesto inden krydringen.

Fyld med porre og tomater

225-275 g/8-10 oz/11/3-12/3 kop

Til kød og fjerkræ.

25 g/2 spsk smør eller margarine
2 porrer, kun hvid del, skåret meget tynde
2 tomater, blancheret, flået og skåret i skiver
125 g/4 oz/2 kop friske hvide brødkrummer
Salt og friskkværnet sort peber
Kyllingefond hvis det ønskes

Kom smør eller margarine i en 1 liter/1¾ del/4¼ kop beholder. Varm, utildækket, på fuld i 1 minut. Tilsæt porrer. Kog uden låg på fuld i 3 minutter under omrøring tre gange. Bland tomater og rasp og smag til. Bind med lager evt. Brug koldt.

Baconfyld

225-275 g/8-10 oz/1 1/3-1 2/3 kop

Til kød, fjerkræ og fisk med en kraftig smag.

4 skiver (skiver) magert bacon, skåret i små stykker
25 g/2 spsk smør, margarine eller svinefedt
125 g/4 oz/2 kop friske hvide brødkrummer
5 ml/1 tsk Worcestershire sauce
5 ml/1 tsk sennep
2,5 ml/½ teskefuld tørrede urteblandinger
Salt og friskkværnet sort peber
Mælk evt

Kom baconen i et fad på 1 liter/1¾ del/4¼ kop med smør, margarine eller svinefedt. Kog uden låg på fuld i 2 minutter under omrøring én gang. Rør brødkrummer, Worcestershire-sauce, sennep og krydderurter i og smag til. Bind evt. med mælk.

Fyld med bacon og abrikoser

225-275 g/8-10 oz/1 1/3-1 2/3 kop

Til fjerkræ og vildt

Tilbered som til baconfyld, men tilsæt 6 velvaskede og grofthakkede abrikoshalvdele sammen med krydderurter.

Champignon-, citron- og timianfyld

225-275 g/8-10 oz/1 1/3-1 2/3 kop

Til fjerkræ.

25 g/2 spsk smør eller margarine

125 g champignon i skiver

5 ml/1 tsk fintrevet citronskal

2,5 ml/½ tsk tørret timian

1 fed hvidløg, knust

125 g/4 oz/2 kop friske hvide brødkrummer

Salt og friskkværnet sort peber

Mælk evt

Kom smør eller margarine i en 1 liter/1¾ del/4¼ kop beholder. Varm, utildækket, på fuld i 1 minut. Tilsæt svampe. Kog uden låg på fuld i 3 minutter, omrør to gange. Rør citronskal, timian, hvidløg og rasp i og smag til. Bind kun med mælk, når fyldet forbliver på den tørre side. Brug koldt.

Svampe- og porrefyld

225-275 g/8-10 oz/11/3-12/3 kop

Til fjerkræ, grøntsager og fisk.

25 g/2 spsk smør eller margarine

1 porre, kun hvid del, meget tynde skiver

125 g champignon i skiver

125 g/4 oz/2 kop friske brune brødkrummer

30 ml/2 spsk hakket persille

Salt og friskkværnet sort peber

Mælk evt

Kom smør eller margarine i et fad på 1,25 liter/2¼ pt/5½ kop. Varm, utildækket, på fuld i 1 minut. Tilsæt porre og kog uden låg på fuld i 2 minutter under omrøring én gang. Bland svampene. Kog uden låg på fuld i 2 minutter, omrør to gange. Rør brødkrummer og persille i og smag til. Bind kun med mælk, når fyldet forbliver på den tørre side. Brug koldt.

Fyld med skinke og ananas

225-275 g/8-10 oz/11/3-12/3 kop

Til fjerkræ.

25 g/2 spsk smør eller margarine
1 løg, finthakket
1 frisk ananasring, skrællet og skåret frugtkød
75 g kogt skinke, hakket
125 g/4 oz/2 kop friske hvide brødkrummer
Salt og friskkværnet sort peber

Kom smør eller margarine i en 1 liter/1¾ del/4¼ kop beholder. Varm, utildækket, på fuld i 1 minut. Tilsæt løget. Kog uden låg på fuld i 2 minutter under omrøring én gang. Tilsæt ananas og skinke. Kog uden låg på fuld i 2 minutter, omrør to gange. Rul brødkrummerne ud og smag til. Brug koldt.

Asiatisk fyld med champignon og cashewnødder

225-275 g/8-10 oz/11/3-12/3 kop

Til fjerkræ og fisk.

25 g/2 spsk smør eller margarine
6 forårsløg (skalotteløg), hakket
125 g champignon i skiver
125 g/4 oz/2 kop friske brune brødkrummer
45 ml/3 spsk cashewnødder, ristede
30 ml/2 spsk korianderblade (koriander)

Salt og friskkværnet sort peber

Sojasovs hvis nødvendigt

Kom smør eller margarine i et fad på 1,25 liter/2¼ pt/5½ kop. Varm, utildækket, på fuld i 1 minut. Tilsæt løget. Kog uden låg på fuld i 2 minutter under omrøring én gang. Bland svampene. Kog uden låg på fuld i 2 minutter, omrør to gange. Rør brødkrummer, cashewnødder og koriander i og smag til. Bind kun med sojasovs, hvis fyldet forbliver på den tørre side. Brug koldt.

Fyld med skinke og gulerødder

225-275 g/8-10 oz/1 1/3-1 2/3 kop

Til fjerkræ, lam og vildt.

Tilbered som skinke- og ananasfyld, men udskift ananasen med 2 revne gulerødder.

Fyld med skinke, banan og majs

225-275 g/8-10 oz/1 1/3-1 2/3 kop

Til fjerkræ.

Tilbered som skinke- og ananasfyld, men erstat 1 lille groft moset banan i stedet for ananas. Tilsæt 30 ml/2 spsk majs (majs) med rasp.

Italiensk fyld

225-275 g/8-10 oz/1 1/3-1 2/3 kop

Til lam, fjerkræ og fisk.

30 ml/2 spsk olivenolie

1 fed hvidløg

1 bladselleri, finthakket

2 tomater, blancheret, flået og groft hakket

12 udstenede sorte oliven, skåret i halve

10 ml/2 tsk hakkede basilikumblade

125 g/2 kop frisk brødkrummer fra italiensk brød, såsom ciabatta

Salt og friskkværnet sort peber

Hæld olivenolien i et fad på 1 liter/1¾ pt/4¼ kop. Varm, utildækket, på fuld i 1 minut. Tilsæt hvidløg og selleri. Kog uden låg på fuld i 2½ minut under omrøring én gang. Bland alle andre ingredienser. Brug koldt.

Spansk fyld

225-275 g/8-10 oz/11/3-12/3 kop

Til stærk fisk og fjerkræ.

Forbered som for italiensk fyld, men i stedet for udstenede sorte oliven (uden gruber), erstatte halverede fyldte oliven. Brug almindelige hvide brødkrummer i stedet for italienske brødkrummer og tilsæt 30 ml/2 spsk flager (skåret i skiver) og ristede mandler.

Appelsin og koriander fyld

Giver 175 g/6 oz/1 kop

Til kød og fjerkræ.

25 g/2 spsk smør eller margarine
1 lille løg, finthakket
125 g/4 oz/2 kop friske hvide brødkrummer
Finrevet skal og saft af 1 appelsin
45 ml/3 spsk finthakkede korianderblade (koriander)
Salt og friskkværnet sort peber
Mælk evt

Kom smør eller margarine i en 1 liter/1¾ del/4¼ kop beholder. Varm, utildækket, på fuld i 1 minut. Tilsæt løget. Kog uden låg på fuld i 3 minutter under omrøring én gang. Bland krummer, appelsinskal og saft og koriander (koriander) og smag til. Bind kun med mælk, når fyldet forbliver på den tørre side. Brug koldt.

Citron og koriander fyld

175 g/6 oz/1 kop

Til fisk.

Tilbered som appelsin- og korianderfyld, men udskift appelsinen med revet skal og saft af 1 lime.

Orange-abrikos fyld

275 g/10 oz/12/3 kop

Til rigt kød og fjerkræ.

125 g tørrede abrikoser, vaskede
Varm sort te
25 g/2 spsk smør eller margarine
1 lille løg, hakket
5 ml/1 tsk fintrevet appelsinskal
Saft af 1 appelsin

125 g/4 oz/2 kop friske hvide brødkrummer
Salt og friskkværnet sort peber

Læg abrikoser i blød i varm te i mindst 2 timer. Dræn og skær i små stykker med en saks. Kom smør eller margarine i et fad på 1,25 liter/2¼ pt/5½ kop. Varm, utildækket, på fuld i 1 minut. Tilsæt løget. Kog uden låg på fuld i 2 minutter under omrøring én gang. Bland alle andre ingredienser, inklusive abrikoser. Brug koldt.

Æble-, rosin- og nøddefyld

275 g/10 oz/12/3 kop

Til svinekød, lam, and og gås.

25 g/2 spsk smør eller margarine
1 mad (dessert) æbler, skrællet, skåret i kvarte, udkernet og hakket
1 lille løg, hakket
30 ml/2 spsk rosiner
30 ml/2 spsk hakkede valnødder
5 ml/1 tsk fint sukker
125 g/4 oz/2 kop friske hvide brødkrummer

Salt og friskkværnet sort peber

Kom smør eller margarine i et fad på 1,25 liter/2¼ pt/5½ kop. Varm, utildækket, på fuld i 1 minut. Tilsæt æble og løg. Kog uden låg på fuld i 2 minutter under omrøring én gang. Bland alle andre ingredienser. Brug koldt.

Æble-, blomme- og paranøddefyld

275 g/10 oz/12/3 kop

Til lam og kalkun.

Tilbered som æble-, rosin- og valnøddefyld, men udskift rosinerne med 8 udstenede og hakkede blommer og udskift valnødderne med 30 ml/2 spsk paranødder i tynde skiver.

Fyld med æbler, dadler og hasselnødder

275 g/10 oz/12/3 kop

Til lam og vildt.

Tilbered som æble-, rosin- og valnøddefyld, men erstat rosiner med 45 ml/3 spsk hakkede dadler og valnødder med 30 ml/2 spsk ristede og hakkede hasselnødder.

Fyld med hvidløg, rosmarin og citron

175 g/6 oz/1 kop

Til lam og svinekød.

25 g/2 spsk smør eller margarine
2 fed hvidløg, knust
Revet skal af 1 lille citron
5 ml/1 tsk tørret rosmarin, knust
15 ml/1 spsk hakket persille
125 g/4 oz/2 kop friske hvide eller brune brødkrummer
Salt og friskkværnet sort peber
Mælk eller tør rødvin hvis det ønskes

Kom smør eller margarine i en 1 liter/1¾ del/4¼ kop beholder. Varm, utildækket, på fuld i 1 minut. Tilsæt hvidløg og citronskal. Opvarm, utildækket, på fuld tilstand i 30 sekunder. Rør rundt og tilsæt rosmarin, persille og rasp. Krydr efter smag. Bind kun med mælk eller vin, hvis fyldet bliver på den tørre side. Brug koldt.

Fyld med hvidløg, rosmarin og citron med parmesanost

175 g/6 oz/1 kop.

Til oksekød.

Tilbered som hvidløg, rosmarin og citronfyld, men tilsæt 45 ml/3 spsk revet parmesanost med rasp.

Fisk og skaldyrsfyld

275 g/10 oz/12/3 kop

Til fisk og grøntsager.

25 g/2 spsk smør eller margarine

125 g/1 kop pillede hele rejer (rejer)

5 ml/1 tsk fintrevet citronskal

125 g/4 oz/2 kop friske hvide brødkrummer

1 æg, pisket

Salt og friskkværnet sort peber

Mælk evt

Kom smør eller margarine i en 1 liter/1¾ del/4¼ kop beholder. Varm, utildækket, på fuld i 1 minut. Bland rejer, citronskal, rasp og æg og smag til. Bind kun med mælk, når fyldet forbliver på den tørre side. Brug koldt.

Parmaskinke fyld

275 g/10 oz/12/3 kop

Til fjerkræ.

Forbered som til skaldyrsfyld, men erstat 75 g/3 oz/¾ kop grofthakket parmaskinke i stedet for rejer (rejer).

Pølsefyld

275 g/10 oz/12/3 kop

Til fjerkræ og svinekød.

25 g/2 spsk smør eller margarine

225 g/8 oz/1 kop svine- eller oksekødspølse

1 lille løg, revet

30 ml/2 spsk finthakket persille

2,5 ml/½ teskefuld sennepspulver

1 æg, pisket

Kom smør eller margarine i en 1 liter/1¾ del/4¼ kop beholder. Varm, utildækket, på fuld i 1 minut. Rør pølse og løg i. Kog uden låg på fuld i 4 minutter, og rør rundt hvert minut for at bryde pølsen grundigt op. Bland alle andre ingredienser. Brug koldt.

Pølse og leverfyld

275 g/10 oz/12/3 kop

Til fjerkræ.

Forbered som til pølsefyld, men reducer mængden af pølse til 175 g/6 oz/¾ kop. Tilsæt 50 g/2 oz/½ kop grofthakket kyllingelever med pølse og løg.

Pølse- og majsfyld

275 g/10 oz/12/3 kop

Til fjerkræ.

Forbered som til pølsefyld, men tilsæt 30-45 ml/2-3 spsk kogte majs mod slutningen af tilberedningen.

Pølse- og appelsinfyld

275 g/10 oz/12/3 kop

Til fjerkræ.

Tilbered som til kødfyld, men tilsæt 5-10 ml/1-2 tsk fintrevet appelsinskal ved afslutningen af tilberedningen

Kastanjefyld med æg

Giver 350 g/12 oz/2 kop

Til fjerkræ.

125 g / 1 kop tørrede kastanjer, gennemblødt natten over i vand og derefter drænet

25 g/2 spsk smør eller margarine

1 lille løg, revet

1,5 ml/¼ teskefuld stødt muskatnød

125 g/4 oz/2 kop friske brune brødkrummer

5 ml/1 tsk salt

1 stort æg, pisket

15 ml/1 spsk dobbelt (tung) creme

Anbring kastanjerne i en 1,25 liter/2¼ pt/5½ kop (hollandsk ovn) gryde og dæk med kogende vand. Stil til side i 5 minutter. Dæk med husholdningsfilm (plastfolie) og skær op to gange for at lade damp slippe ud. Kog på fuld i 30 minutter, indtil kastanjerne er bløde. Si og lad afkøle. Del i små stykker. Kom smør eller margarine i et fad på 1,25 liter/2¼ pt/5½ kop. Varm, utildækket, på fuld i 1 minut. Tilsæt løget. Kog uden låg på fuld i 2 minutter under omrøring én gang. Bland kastanjer, muskatnød, rasp, salt og æg. Bind sammen med cremen. Brug koldt.

Kastanje- og tranebærfyld

Giver 350 g/12 oz/2 kop

Til fjerkræ.

Forbered som til Kastanjeæg-fyld, men i stedet for æg, bindes fyldet 30-45 ml/2-3 spsk tranebærsauce. Tilsæt lidt fløde, hvis farsen bliver på den tørre side.

Cremet kastanjefyld

Giver 900 g/2 lb/5 kop

Til fjerkræ og fisk.

50 g/2 oz/¼ kop smør, margarine eller drænet bacon

1 løg, revet

500 g/1 lb 2 oz/2¼ kopper usødet kastanjepuré på dåse

225 g/8 oz/4 kopper friske hvide brødkrummer

Salt og friskkværnet sort peber

2 æg, pisket

Mælk evt

Kom smør, margarine eller dryp i en 1¾ liter/3pt/7½ kop beholder. Varm afdækket på fuld i 1½ minut. Tilsæt løget. Kog uden låg på fuld i 2 minutter under omrøring én gang. Bland grundigt kastanjepuréen, rasp, salt og peber efter smag og æg. Bind kun med mælk, når fyldet forbliver på den tørre side. Brug koldt.

Flødefyld af kastanjer og pølser

Giver 900 g/2 lb/5 kop

Til fjerkræ og vildt.

Forbered som til kastanjecremefyld, men udskift halvdelen af kastanjepuréen med 250 g / 1 kop pølse.

Cremet kastanjefyld med hele kastanjer

Giver 900 g/2 lb/5 kop

Til fjerkræ.

Forbered som til kastanjecremefyld, men tilsæt 12 kogte og knuste kastanjer med rasp.

Kastanjefyld med persille og timian

Giver 675 g/1½ lb/4 kopper

Til kalkun og kylling.

15 ml/1 spsk smør eller margarine

5 ml/1 tsk solsikkeolie

1 lille løg, finthakket

1 fed hvidløg, knust

50 g / 1 kop tør persille- og timianfyld

440 g/15½ oz/2 kopper usødet kastanjepuré på dåse

150 ml/¼ pt/2/3 kop varmt vand

Finrevet skal af 1 citron

1,5-2,5 ml/¼-½ teskefuld salt

Kom smør eller margarine og olie i en 1,25L/2¼ pt/5½ kop skål. Opvarm, utildækket, på fuld tilstand i 25 sekunder. Tilsæt løg og hvidløg. Kog uden låg på fuld i 3 minutter. Tilsæt den tørre fyldblanding og bland godt. Kog uden låg på fuld i 2 minutter, omrør to gange. Fjern fra mikrobølgeovnen. Bland gradvist kastanjepuréen skiftevis med varmt vand, indtil den er blandet. Tilsæt citronskal og salt efter smag. Brug koldt.

Kastanjefyld med Gammon

Giver 675 g/1½ lb/4 kopper

Til kalkun og kylling.

Tilbered som kastanjefyld med persille og timian, men tilsæt 75 g hakket skinke med citronskal og salt.

Kyllingeleverfyld

Giver 350 g/12 oz/2 kop

Til fjerkræ og vildt.

125 g/4 oz/2/3 kop kyllingelever
25 g/2 spsk smør eller margarine
1 løg, revet
30 ml/2 spsk finthakket persille
1,5 ml/¼ teskefuld malet allehånde
125 g/4 oz/2 kop friske hvide eller brune brødkrummer
Salt og friskkværnet sort peber
Kyllingefond hvis det ønskes

Vask leverne og tør dem på køkkenpapir. Skær i små stykker. Kom smør eller margarine i et fad på 1,25 liter/2¼ pt/5½ kop. Varm, utildækket, på fuld i 1 minut. Tilsæt løget. Kog uden låg på fuld i 2 minutter under omrøring én gang. Tilsæt lever. Kog uden låg, optø i 3 minutter, omrør 3 gange. Rør persille, allehånde og brødkrummer i og smag til. Bind kun med lidt bouillon, når farsen forbliver på den tørre side. Brug koldt.

Kyllingeleverfyld med pekannødder og appelsin

Giver 350 g/12 oz/2 kop

Til fjerkræ og vildt.

Tilbered som kyllingeleverfyld, men tilsæt 30 ml/2 spsk knækkede pekannødder og 5 ml/1 tsk fintrevet appelsinskal med rasp.

Triple Peanut Stuffing

Giver 350 g/12 oz/2 kop

Til fjerkræ og kød.

15 ml/1 spsk sesamolie
1 fed hvidløg, knust

125 g/4 oz/2/3 kop fintmalede hasselnødder
125 g/4 oz/2/3 kop fintmalede valnødder
125 g/4 oz/2/3 kop fint malede mandler
Salt og friskkværnet sort peber
1 æg, pisket

Hæld olien i en ret stor beholder. Varm, utildækket, på fuld i 1 minut. Tilsæt hvidløg. Kog uden låg på fuld i 1 minut. Bland alle nødderne og smag til. Bind med ægget. Brug koldt.

Kartoffel- og kalkunleverfyld

Giver 675 g/1½ lb/4 kopper

Til fjerkræ.

450 g mel kartofler
25 g/2 spsk smør eller margarine
1 løg, hakket
2 skiver (skiver) magert bacon, hakket
5 ml/1 tsk tørrede urteblandinger
45 ml/3 spsk finthakket persille
2,5 ml/½ tsk stødt kanel
2,5 ml/½ teskefuld malet ingefær
1 æg, pisket

Salt og friskkværnet sort peber

Kog kartoflerne som anbefalet til flødekartofler, men brug kun 60 ml/4 spsk vand. Si og ælt. Kom smør eller margarine i et fad på 1,25 liter/2¼ pt/5½ kop. Varm, utildækket, på fuld i 1 minut. Tilsæt løg og bacon. Kog uden låg på fuld i 3 minutter, omrør to gange. Bland alle andre ingredienser, inklusive kartofler, smag til. Brug koldt.

Risfyld med urter

Giver 450 g/1 lb/2⅔ kop

Til fjerkræ.

125 g/⅔ kop langkornede ris, der er nemme at tilberede

250 ml/8 fl oz/1 kop kogende vand

2,5 ml/½ teskefuld salt

25 g/2 spsk smør eller margarine

1 lille løg, revet

5 ml/1 tsk hakket persille

5 ml/1 tsk korianderblade (koriander)

5 ml/1 tsk salvie

5 ml/1 tsk basilikumblade

Kog risene med vand og salt som anvist. Kom smør eller margarine i et fad på 1,25 liter/2¼ pt/5½ kop. Varm, utildækket, på fuld i 1 minut. Tilsæt løget. Kog uden låg på fuld i 1 minut under omrøring én gang. Tilsæt ris og krydderurter. Brug koldt.

Spansk risfyld med tomater

Giver 450 g/1 lb/2⅔ kop

Til fjerkræ.

125 g/2/3 kop langkornede ris, der er nemme at tilberede
250 ml/8 fl oz/1 kop kogende vand
2,5 ml/½ teskefuld salt
25 g/2 spsk smør eller margarine
1 lille løg, revet
30 ml/2 spsk hakket grøn peberfrugt
1 tomat, hakket
30 ml/2 spsk hakkede fyldte oliven

Kog risene med vand og salt som anvist. Kom smør eller margarine i et fad på 1,25 liter/2¼ pt/5½ kop. Varm, utildækket, på fuld i 1 minut. Tilsæt løg, grøn peber, tomat og oliven. Kog uden låg på fuld i 2 minutter under omrøring én gang. Tilsæt ris. Brug koldt.

Frugt Risfyldning

Giver 450 g/1 lb/22/3 kop

Til fjerkræ.

125 g/2/3 kop langkornede ris, der er nemme at tilberede
250 ml/8 fl oz/1 kop kogende vand
2,5 ml/½ teskefuld salt
25 g/2 spsk smør eller margarine
1 lille løg, revet
5 ml/1 tsk hakket persille
6 tørrede abrikoshalvdele, hakket
6 udstenede (udstenede) blommer, hakkede
5 ml/1 tsk fintrevet clementin- eller satsuma-skal

Kog risene med vand og salt som anvist. Kom smør eller margarine i et fad på 1,25 liter/2¼ pt/5½ kop. Varm, utildækket, på fuld i 1 minut. Bland løg, persille, abrikoser, svesker og skræl. Kog uden låg på fuld i 1 minut under omrøring én gang. Tilsæt ris. Brug koldt.

Far East Rice Stuffing

Giver 450 g/1 lb/2 2/3 kop

Til fjerkræ.

Forbered som til at fylde ris med krydderurter, men brug kun koriander (koriander). Tilsæt 6 dåse og skivede vandkastanjer og 30 ml/2 spsk grofthakkede ristede cashewnødder med løg.

Krydret risfyld med nødder

Giver 450 g/1 lb/2 2/3 kop

Til fjerkræ.

Tilbered som risfyld med krydderurter, men brug kun persille.
Tilsæt 30 ml/2 spsk flager (skiver) og ristede mandler og 30 ml/2
spsk saltede peanuts med løg.

Chokolade Chips

Gør 16

75 g/3 oz/2/3 kop smør eller margarine
30 ml/2 spsk gylden (lys) majssirup, smeltet
15 ml/1 spsk kakao (usødet chokolade) pulver, sigtet
45 ml/3 spsk pulveriseret sukker (meget fint)
75 g/3 oz/1½ kop cornflakes

Smelt smør eller margarine og sirup uden låg ved optøning i 2-3 minutter. Tilsæt kakao og sukker. Fold cornflakes i med en stor metalske, vend indtil godt belagt. Læg en skefuld i papirkageæsker (cupcake-indpakninger), læg på et bræt eller bakke og afkøl, indtil det er stivnet.

Djævelens kagemad

Serverer 8

En drøm om en nordamerikansk foodprocessorkage med en let og luftig konsistens og en dyb chokoladesmag.

100 g/4 oz/1 kop almindelig (halvsød) chokolade, brækket i stykker
225 g/8 oz/2 kopper selvhævende mel (selvhævende)
25 g/1 oz/2 spsk kakaopulver (usødet chokolade)
1,5 ml/¼ teskefuld bagepulver (bagepulver)

200 g/7 oz/lille 1 kop mørkt blødt brun farin

150 g/5 oz/2/3 kop smør eller blød margarine, ved stuetemperatur

5 ml/1 tsk vaniljeessens (ekstrakt)

2 store æg ved køkkentemperatur

120 ml/4 oz/½ kop kærnemælk eller 60 ml/4 spsk skummetmælk og almindelig yoghurt

Pulversukker (konfekture), til drys

Beklæd forsigtigt bunden og siderne af et 20 cm/8 i diameter ligevægget souffléfad med husholdningsfilm (folie). Smelt chokoladen i en lille skål ved optøning i 3-4 minutter under omrøring to gange. Sigt mel, kakao og natron direkte i skålen på en foodprocessor. Tilsæt den smeltede chokolade med alle de andre ingredienser og bland i cirka 1 minut, eller indtil ingredienserne er godt blandet og blandingen ligner en tyk dej. Læg en skefuld i det tilberedte fad og dæk løst med køkkenpapir. Kog på fuld i 9-10 minutter, vend retten to gange, indtil dejen hæver til kanten af fadet, og toppen er dækket af små, revnede bobler og ser ret tør ud. Hvis der er klæbrige pletter tilbage, koges på fuld i yderligere 20-30 sekunder. Lad den stå i mikrobølgeovnen i cirka 15 minutter (kagen sætter sig lidt), tag den derefter ud og lad den køle af, indtil den er varm. Fjern forsigtigt fra fadet, hold i husholdningsfilmen, og læg det over på rist for at køle helt af. Før servering pilles husholdningsfilmen af og toppen drysses med sigtet melis. Opbevares i en lufttæt beholder.

Mokka kage

Serverer 8

Forbered som til Djævlens Madkage, men skær kagen vandret i tre lag, når den er kold. Pisk 450 ml/¾ pt/2 kopper dobbelt (tungt) eller pisk fløde til det er tykt. Sød efter smag med en smule sigtet pulveriseret (konditor) sukker, og smag derefter ret kraftigt til med kold sort kaffe. Brug lidt smørcreme til at samle lagene af kagen, og bland derefter resten på toppen og siderne. Afkøl lidt inden servering.

Lagkage

Serverer 8

Forbered som til Djævlens Madkage, men skær kagen vandret i tre lag, når den er kold. Sandwich med abrikosmarmelade, flødeskum og revet chokolade eller chokoladepasta.

Schwarzwald Kirsebærkage

Serverer 8

Forbered som til Devil's Food Cake, men når den er kold, skæres kagen vandret i tre lag og hvert lag fugtes med kirsebærlikør. Sandwich med kirsebærsyltetøj (dåse) eller kirsebærfyld. Pisk 300 ml/½ pt/1¼ kop dobbelt (tungt) eller pisk fløde til det er tykt. Fordel over toppen og siderne af kagen. Tryk den knuste flagechokoladebar eller revet chokolade mod siderne, og pynt derefter toppen med halvdelen af de glaserede (kandiserede) kirsebær.

Chokolade appelsinkage

Serverer 8

Tilbered som til Djævlens Madkage, men når den er kold, skæres kagen vandret i tre lag og fugtes med appelsinlikør. Sandwich med finthakket appelsinmarmelade og et tyndt lag marcipan (mandelmasse). Pisk 300 ml/½ pt/1¼ kop dobbelt (tungt) eller pisk fløde til det er tykt. Farv og sød let 10-15 ml/2-3 tsk sort melasse, bland derefter 10 ml/2 tsk revet appelsinskal i. Fordel over toppen og siderne af kagen.

Chokoladekage med smør og fløde

Serverer 8-10

30 ml/2 spsk kakaopulver (usødet chokolade)
60 ml/4 spiseskefulde kogende vand
175 g/6 oz/¾ kop smør eller margarine ved stuetemperatur
175 g/6 oz/¾ kop mørkt blødt brun farin
5 ml/1 tsk vaniljeessens (ekstrakt)

3 æg ved køkkentemperatur

175 g/6 oz/1½ kop selvhævende mel

15 ml/1 spsk sort melasse (melasse)

Smørpulver

Pulveriseret sukker (konfekture), til drys (valgfrit)

Beklæd forsigtigt bunden og siderne af en 18 x 9 cm/7 x 3½ souffléskål med husholdningsfilm (plastfolie), så den hænger lidt over kanten. Bland kakaoen jævn med kogende vand. Pisk smør eller margarine, sukker og vaniljeessens til det er lyst og luftigt. Pisk æggene et ad gangen, og tilsæt 15 ml/1 spsk mel til hver. Tilsæt det resterende mel med sort melasse, indtil det er jævnt kombineret. Fordel jævnt i det tilberedte fad og dæk løst med køkkenpapir. Kog på fuld i 6-6½ minutter, indtil dejen har hævet godt og ikke længere ser fugtig ud på toppen. Kog ikke for meget, ellers vil dejen krympe og stivne. Lad stå i 5 minutter, tag derefter dejen ud af fadet, hold husholdningsfilm (folie) og overfør til risten. Fjern forsigtigt folien og lad den køle af. Skær kagen vandret i tre lag og læg den sammen med glasuren (glasuren). Drys toppen med sigtet flormelis før udskæring, hvis det ønskes.

Chokolade Mokka kage

Serverer 8-10

Tilbered som til Chocolate Butter Cake, men krydr med Butter Frosting (glasering) 15 ml/1 spsk meget stærk sort kaffe. For en mere intens smag, tilsæt 5 ml/1 tsk malet kaffe til flydende kaffe.

Appelsin og chokolade lagkage

Serverer 8-10

Forbered som til chokoladeflødesmør, men tilsæt 10 ml/2 tsk fintrevet appelsinskal til dejens ingredienser.

Dobbelt chokoladekage

Serverer 8-10

Forbered som til chokoladesmør, men tilsæt 100 g/4 oz/1 kop smeltet og afkølet almindelig (halvsød) chokolade til glasuren/glasuren. Lad stivne før brug.

Kage med flødeskum og nødder

Serverer 8-10

1 chokoladekage med smør og fløde
300 ml/½ pt/1¼ kop dobbelt (tung) creme
150 ml/¼ pt/2/3 kopper piskefløde
45 ml/3 spsk flormelis (konfekture), sigtet

Eventuelle smagsgivende essenser (ekstrakter) såsom vanilje, rose, kaffe, citron, appelsin, mandel, ratafia
Nødder, chokoladespåner, sølvdragéer, krystalliserede blomsterblade eller glaseret (kandiseret) frugt til dekoration

Skær kagen vandret i tre lag. Pisk cremerne til de er tykke. Tilsæt pulveriseret sukker og aroma efter smag. Læg kagelagene sammen med cremen og pynt toppen efter ønske.

Juleport

Serverer 8-10

1 chokoladekage med smør og fløde
45 ml/3 spiseskefulde hindbærsyltetøj uden kerner (på dåse)
Marcipan (mandelmasse)
300 ml/½ pt/1¼ kop dobbelt (tung) creme

150 ml/¼ pt/2/3 kopper piskefløde

60 ml/4 spsk fint (meget fint) sukker

Glacé (kandiserede) kirsebær og spiselige kristtornkviste, til pynt

Skær dejen i tre lag og læg den sammen med syltetøjet, drys med tyndt rullet marcipan. Pisk cremer og flormelis til tykt og dæk toppen og siderne af kagen. Pynt toppen med kirsebær og kristtorn.

amerikanske cookies

Gør 12

50 g/2 oz/½ kop almindelig (halvsød) chokolade, brækket i stykker

75 g/3 oz/2/3 kop smør eller margarine

175 g/6 oz/¾ kop mørkt blødt brun farin

2 æg, ved køkkentemperatur, pisket
150 g/5 oz/1¼ kop almindeligt (all-purpose) mel
1,5 ml/¼ teskefuld bagepulver
5 ml/1 tsk vaniljeessens (ekstrakt)
30 ml/2 spsk kold mælk
Pulversukker (konfekture), til drys

Smør og baseline et 25 x 16 3 5 cm/10 x 6½ 3 2 tommer fad. Smelt chokolade og smør eller margarine på fuld i 2 minutter, omrør indtil godt blandet. Pisk sukker og æg godt sammen. Sigt melet sammen med bagepulveret, og vend det derefter let ind i chokoladeblandingen med vaniljeessens og mælk. Fordel jævnt i det tilberedte fad og dæk løst med køkkenpapir. Kog på fuld i 7 minutter, indtil dejen har hævet godt og toppen er spækket med små, revnede udluftninger. Afkøl i fadet i 10 minutter. Skær i tern, drys toppene ret tykt med puddersukker, og lad så køle helt af på rist. Opbevares i en lufttæt beholder.

Chokolade-nøddekager

Gør 12

Tilbered som til amerikanske Brownies, men tilsæt 90 ml/6 spsk grofthakkede valnødder med sukker. Kog i 1 minut mere.

Havre toffee trekanter

Gør 8

125 g/4 oz/½ kop smør eller margarine
50 g/2 oz/3 spsk gylden (lys) majssirup
25 ml/1½ spsk sort melasse (melasse)
100 g/4 oz/½ kop mørkt blødt brun farin
225 g/8 oz/2 kopper havregryn

Smør et 20 cm dybt/8 i diameter fad grundigt. Smelt smør, sirup, melasse og sukker uden låg ved optøning i 5 minutter. Rør havregrynene i og fordel blandingen i fadet. Kog uden låg på fuld i 4 minutter, vend gryden én gang. Lad stå i 3 minutter. Kog i yderligere 1½ minut. Lad det køle af, og skær derefter i otte trekanter. Tag den koldt ud af fadet og opbevar den i en lufttæt beholder.

Müsli trekanter

Gør 8

Forbered som til Oaten Toffee Triangles, men erstat havregryn med usødet müsli.

Chokolade Queenies

Gør 12

125 g/4 oz/1 kop selvhævende (selvhævende) mel
30 ml/2 spsk kakaopulver (usødet chokolade)
50 g/2 oz/¼ kop smør eller margarine ved stuetemperatur
50 g/2 oz/¼ kop let, blødt brun farin
1 æg
5 ml/1 tsk vaniljeessens (ekstrakt)
30 ml/2 spsk kold mælk
Flormelis (konfekture) sukker eller chokoladecreme til pynt
(valgfrit)

Sigt mel og kakao. Pisk smør eller margarine med sukker i en separat skål, indtil det er blødt og luftigt. Pisk æg og vaniljeessens i. Rør melet i skiftevis med mælken, rør kraftigt med en gaffel uden at piske. Fordel mellem 12 papirkageæsker (cupcake papirer). Læg seks stykker ad gangen på glas- eller plastpladepladen, dæk løst med køkkenpapir og kog på Fuld i 2 minutter. Afkøl på rist. Drys med sigtet flormelis eller dæk med chokoladecreme, hvis det ønskes. Opbevares i en lufttæt beholder.

Queenies Chokolade Flakes

Gør 12

Forbered som til Chocolate Queenies, men knus en lille stang chokoladeflager og bland det forsigtigt i dejen efter tilsætning af æg og vaniljeessens.

Morgenmad klid og ananas kage

Gør omkring 12 stk

Ret tyk dej og en nyttig morgenmadssnack serveret med yoghurt og en drink.

100 g / 3½ oz / 1 kop Alle branflakes

50 g/2 oz/¼ kop mørkt blødt brun farin

175 g/6 oz knust ananas på dåse

20 ml/4 teskefulde tyk honning

1 æg, pisket

300 ml/½ pt/1¼ kop skummetmælk

150 g/5 oz/1¼ kop selvhævende (selvhævende) fuldkornshvedemel

Beklæd forsigtigt bunden og siderne af en 18 cm/7 diameter souffléskål med husholdningsfilm (folieindpakning), så den hænger lidt over kanten. Kom korn, sukker, ananas og honning i en skål. Dæk med en tallerken og opvarm ved afrimning i 5 minutter. Bland de resterende ingredienser under kraftig omrøring uden at piske. Overfør til den forberedte ret. Dæk løst med køkkenpapir og kog ved optøning i 20 minutter, vend retten fire gange. Lad den køle af, indtil den er varm, og flyt den derefter over på rist med husholdningsfilm. Når den er helt afkølet, opbevares den i en lufttæt beholder i 1 dag, før den skæres.

Kage Sprød frugtchokoladekage

Gør 10-12

200 g/7 oz/lille 1 kop almindelig (halvsød) chokolade, brækket i firkanter

225 g/8 oz/1 kop usaltet (sødt) smør (ikke margarine)

2 store æg, ved køkkentemperatur, pisket

5 ml/1 tsk vaniljeessens (ekstrakt)

75 g/3 oz/¾ kop grofthakkede blandede nødder

75 g/3 oz/¾ kop hakket krystallinsk ananas eller papaya

75 g / 3 oz / ¾ kop hakket krystalliseret ingefær

25 ml/1½ spsk pulveriseret (konditor) sukker, sigtet

15 ml/1 spsk frugtlikør såsom Grand Marnier eller Cointreau

225 g/8 oz almindelige søde kiks (småkager) såsom til fordøjelse (Graham kiks), hver brækket i 8 stykker

Beklæd forsigtigt bunden og siderne af et 20 cm/8" fad eller kiks sandwichpande (pande) med husholdningsfilm (plastfolie). Smelt chokoladestykkerne i en stor skål uden låg ved optøning i 4-5 minutter, indtil de er meget bløde, men stadig holder deres oprindelige form. Skær smørret i store tern og smelt uden låg ved afrimning i 2-3 minutter. Bland grundigt med smeltet chokolade med æg og vaniljeessens. Bland alle andre ingredienser. Fordel godt kombineret i den forberedte form og dæk med folie eller husholdningsfilm (folie). Afkøl i 24 timer, fjern derefter forsigtigt og fjern husholdningsfilmen. Skær i tern til servering. Stil på køl mellem portionerne, da dejen bløder ved stuetemperatur.

Kage Sprød Frugt Kage Mokka

Gør 10-12

Forbered som til Crispy Chocolate Chocolate Cookie Dough, men opløs 20ml/4 tsk instant kaffe eller chokoladegranulat og erstat kaffelikør med frugtlikør.

Sprød kage med rom og rosiner

Gør 10-12

Forbered som til Chokolade Crunch Cookie med Chokolade Frugt, men udskift 100 g rosiner med krystalliseret frugt og mørk rom til likøren.

Sprød kage med frugtwhisky og appelsinkager

Gør 10-12

Forbered som til sprød kage chokolade kiksekage, men med chokolade og smør blandes det fintrevet skal af 1 appelsin og erstatte likøren med whisky.

Crunch frugtkage med hvid chokolade

Gør 10-12

Forbered som til Crispy Cake Chokolade-Chokolade-Crunch-kage, men udskift med mørk hvid chokolade.

To-lags abrikos og hindbær cheesecake

Serverer 12

Til basen:

100 g/3½ oz/½ kop smør

225 g/8 oz/2 kopper chokoladekikscrumble (Graham cracker)

5 ml/1 tsk blandet krydderi (æblekage)

Til abrikoslaget:

60 ml/4 spsk koldt vand

30 ml/2 spsk gelatinepulver

500 g/1 lb 2 oz/2¼ kopper hytteost (glat hytteost)

250 g/9 oz/1¼ kop hytteost eller hytteost

60 ml/4 spsk glat abrikosmarmelade (på dåse)

75 g/3 oz/2/3 kop strøsukker

3 æg, adskilt

Knivspids salt

Til hindbærlaget:

45 ml/3 spsk koldt vand

15 ml/1 spsk gelatinepulver

225 g friske hindbær, knust og sigtet (drænet)

30 ml/2 spsk fint (meget fint) sukker

150 ml/¼ pt/2/3 kop dobbelt (tung) creme

Til dekoration:

Friske hindbær, jordbær og snore af røde ribs

For at forberede bunden skal du smelte udækket smør ved optøning i 3-3½ minutter. Bland kiksekrummerne og krydderiblandingen. Fordel jævnt på bunden af en 25 cm/10 (pande) springform. Afkøl i 30 minutter, indtil den er fast.

Til abrikoslaget hældes vand og gelatine i en skål og blandes godt sammen. Stil til side i 5 minutter, indtil den er blød. Smelt utildækket ved afrimning i 2½-3 minutter. Kom hytteost, hytteost eller hytteost, marmelade, sukker og æggeblommer i foodprocessoren og kør maskinen, indtil ingredienserne er grundigt blandet. Skrab i en stor skål, dæk med en tallerken og stil på køl, indtil det begynder at tykne og tykne. Pisk æggehvider og salt til stive toppe. Pisk en tredjedel i ostemassen, og tilsæt derefter resten med en metalske eller spartel. Fordel jævnt over bunden af kiksen. Dæk løst med køkkenpapir og stil på køl i mindst 1 time, indtil den er fast.

Til hindbærlaget hældes vand og gelatine i en skål og blandes godt sammen. Stil til side i 5 minutter, indtil den er blød. Smelt utildækket ved afrimning i 1½-2 minutter. Bland med hindbærpuré og sukker. Dæk med folie eller husholdningsfilm (folie) og afkøl indtil det begynder at tykne og arranger rundt om kanterne. Pisk fløden til den tykner blødt. Pisk en tredjedel i frugtmassen, og tilsæt resten med en metalske eller spartel. Fordel jævnt på cheesecake-massen. Dæk løst til og stil på køl i flere timer, indtil det er fast. Før servering køres en kniv dyppet i varmt vand rundt om den indvendige kant for at løsne cheesecaken. Frigør dåsen og fjern siden. Pynt toppen med frugt. Skær i portioner med en kniv dyppet i varmt vand.

Cheesecake med jordnøddesmør

Serverer 10

Til basen:

100 g/3½ oz/½ kop smør

225 g/8 oz/2 kopper ingefær crumble (småkager)

Til toppingen:

90 ml/6 spsk koldt vand

45 ml/3 spsk pulveriseret gelatine

750 g/3 kopper hytteost (glat hytteost)

4 æg, adskilt

5 ml/1 tsk vaniljeessens (ekstrakt)

150 g/5 oz/2/3 kop strøsukker

Knivspids salt

150 ml/¼ pt/2/3 kop dobbelt (tung) creme

60 ml/4 spsk glat jordnøddesmør, ved stuetemperatur

Hakkede letsaltede eller almindelige jordnødder (valgfrit)

For at forberede bunden skal du smelte udækket smør ved optøning i 3-3½ minutter. Bland kikskrummerne. Fordel ud over bunden af en 20 cm/8 (pande) kageform og stil på køl i 20-30 minutter, indtil den er fast.

For at lave toppingen, hæld vandet og gelatinen i en skål og bland det godt sammen. Stil til side i 5 minutter for at blive blød. Smelt utildækket ved afrimning i 3-3½ minutter. Kom i en foodprocessor med ost, æggeblommer, vaniljeessens og sukker og kør maskinen til den er jævn. Skrab i en stor skål. Pisk æggehvider og salt til stive toppe. Pisk fløden til den tykner blødt. Tilsæt skiftevis æggehvider og fløde til osteblandingen. Til sidst tilsættes peanutbutter. Fordel jævnt i den forberedte form, dæk til og stil på køl i mindst 12 timer. For at servere skal du skubbe en kniv dyppet i varmt vand til siden for at løsne. Frigør dåsen og fjern siderne. Pynt med hakkede peanuts, hvis du har lyst. Skær i portioner med en kniv dyppet i varmt vand.

Cheesecake med lemon curd

Serverer 10

Tilbered som peanutbutter cheesecake, men erstat lemon curd i stedet for peanutbutter.

chokolade cheesecake

Serverer 10

Forbered som til Peanut Butter Cheesecake, men erstat chokoladesmør i stedet for peanutbutter.

Sharon Frugt cheesecake

Serverer 10

Opskrift sendt til mig af en kvinde fra New Zealand, baseret på en tomatlignende tamarillo frugt. Fordi de ikke altid er nemme at få fat i, er vintersharonfrugter en beundringsværdig erstatning og ligner endda persimmons, så længe de er meget modne.

Til basen:

175 g/6 oz/¾ kop smør

100 g/3½ oz/½ kop let, blødt brun farin

225 g / 8 oz maltkikskrummer (cookies)

Til fyldet:

4 sharon frugter, hakket

100 g/4 oz/½ kop let, blødt brun farin

30 ml/2 spsk gelatinepulver

30 ml/2 spsk koldt vand

300 g/10 oz/1¼ kop flødeost

3 store æg, adskilt

Saft af ½ citron

Skyl kageformen (formen) 25 cm/10 i diameter grundigt og lad den være våd. Smelt smør eller margarine uden låg ved optøning i 3-3½ minutter. Bland sukker og kiks. Tryk bunden af dåsen jævnt. Afkøl mens du forbereder tærtefyld.

For at lave fyldet, læg sharonfrugten i et fad og drys med halvdelen af sukkeret. Kom gelatinen i en skål og rør vandet i. Stil til side i 5 minutter, indtil den er blød. Smelt utildækket ved afrimning i 3-3½ minutter. Pisk osten i en separat skål, indtil den er blød og luftig, og tilsæt derefter gelatine, æggeblommer, citronsaft og resterende sukker. Pisk æggehviderne til et stift skum. Tilsæt til ostemasseblandingen skiftevis med sharonfrugt. Hæld den over kiksebunden og stil den på køl natten over. For at servere skal du køre en kniv dyppet i varmt vand over siderne for at løsne, og derefter løsne dåsen og fjerne siderne.

Blåbær cheesecake

Serverer 10

Tilbered som Sharon Fruit Cheesecake, men udskift Sharon Fruit med 350 g blåbær.